Dieses Taschenbuch enthält in englisch-deutschem Paralleldruck sieben Kurzgeschichten von amerikanischen Autoren dieses Jahrhunderts. Horror-, Krimi-, Science-Fiction- und satirische Elemente wechseln ab. Wer Sinn für Humor hat, das heißt: wer, im hinterhältigen Sinn der Redensart, Spaß versteht, der wird voll auf seine Kosten kommen.

dtv zweisprachig · Edition Langewiesche-Brandt

SENSE OF HUMOUR

AMERIKANISCHE KURZGESCHICHTEN

Auswahl, Übersetzung und Anmerkungen von Richard Fenzl

Deutscher Taschenbuch Verlag

Originalausgabe / Neuübersetzung
1. Auflage 1991. 2. Auflage Februar 1994
Deutscher Taschenbuch Verlag GmbH & Co. KG, München
Copyright-Einzelnachweise Seite 146 ff
Umschlagentwurf: Celestino Piatti
Satz: FoCoTex Klaus Nowak, Berg bei Starnberg
Gesamtherstellung: Kösel, Kempten
ISBN 3-423-09283-1. Printed in Germany

Damon Runyan
Sense of Humour · Sinn für Humor 6 · 7

Ring Lardner
The Love Nest · Das Liebesnest 30 · 31

Sidney Carroll
A Note for the Milkman
Eine Nachricht für den Milchmann 62 · 63

E.B. White
The Parable of the Family which Dwelt Apart
Die Parabel von der Familie, die abgeschieden lebte 90 · 91

John Collier
De Mortuis... · De mortuis... 96 · 97

Rona Jaffe
Trompe-l-Œil · Die Illusionstapete 114 · 115

Fredric Brown
The Solipsist · Der Solipsist 138 · 139

Anmerkungen 143

Bio-bibliographische Notizen 146

Damon Runyan: Sense of Humour

One night I am standing in front of Mindy's restaurant on Broadway, thinking of practically nothing whatever, when all of a sudden I feel a very terrible pain in my left foot.

In fact, this pain is so very terrible that it causes me to leap up and down like a bullfrog, and to let out loud cries of agony, and to speak some very profane language, which is by no means my custom, although of course I recognize the pain as coming from a hot foot, because I often experience this pain before.

Furthermore, I know Joe the Joker must be in the neighbourhood, as Joe the Joker has the most wonderful sense of humour of anybody in this town, and is always around giving people the hot foot, and gives it to me more times than I can remember. In fact, I hear Joe the Joker invents the hot foot, and it finally becomes a very popular idea all over the country.

The way you give a hot foot is to sneak up behind some guy who is standing around thinking of not much, and stick a paper match in his shoe between the sole and the upper along about where his little toe ought to be, and then light the match. By and by the guy will feel a terrible pain in his foot, and will start stamping around, and hollering, and carrying on generally, and it is always a most comical sight and a wonderful laugh to one and all to see him suffer.

No one in the world can give a hot foot as good as Joe the Joker, because it takes a guy who can sneak up very quiet on the guy who is to get the hot foot, and Joe can sneak up so quiet many guys on Broadway are willing to lay you odds that he can give a mouse a hot foot if you can find a mouse that wears shoes. Furthermore, Joe the

Sinn für Humor

Eines Abends stehe ich vor Mindys Speiselokal am Broadway und denke eigentlich an überhaupt nichts, als ich auf einmal einen ganz fürchterlichen Schmerz im linken Fuß verspüre.

Dieser Schmerz ist wahrhaftig so fürchterlich, daß er mich dazu bringt, wie ein Ochsenfrosch auf und nieder zu hüpfen, meine Qual hinauszubrüllen und wie ein Droschkenkutscher zu fluchen, was keineswegs meine Art ist, obschon ich natürlich merke, daß der Schmerz von einem heißen Fuß herrührt, weil ich diesen Schmerz schon oft erlebt habe.

Auch weiß ich, daß Faxen-Joe in der Nähe sein muß, denn Faxen-Joe hat von allen in der Stadt den herrlichsten Humor; er ist ständig unterwegs, um Leuten den heißen Fuß zu verpassen, und mir verpaßt er ihn öfter, als ich mitzählen kann. Faxen-Joe soll überhaupt der Erfinder des heißen Fußes sein, der schließlich im ganzen Land eine ungemein beliebte Spiel-Idee wird.

Ein heißer Fuß wird folgendermaßen verpaßt: man schleicht sich von hinten an jemanden heran, der nichtsahnend herumsteht, und steckt ihm ein flaches Streichholz zwischen Sohle und Oberleder in den Schuh, ungefähr dahin, wo seine kleine Zehe sein müßte; dann zündet man das Streichholz an. Allmählich verspürt der Kerl einen entsetzlichen Schmerz im Fuß und beginnt herumzustampfen, zu schreien und in jeder Weise Theater zu machen; so einen leiden zu sehen, ist immer ein höchst ulkiger Anblick und gibt allen, ausnahmslos, Anlaß zu überwältigendem Gelächter.

Niemand auf der Welt kann einen heißen Fuß so geschickt verpassen wie Faxen-Joe; es muß ja jemand sein, der sich sehr leise an den Burschen, der den heißen Fuß kriegen soll, anschleichen kann; und Joe kann sich so leise heranmachen, daß viele am Broadway sich auf eine Vorgabe einlassen, wenn sie mit dir wetten, daß er einer Maus einen heißen Fuß verpassen kann, falls eine Maus zu finden ist,

Joker can take plenty of care of himself in case the guy who gets the hot foot feels like taking the matter up, which sometimes happens, especially with guys who get their shoes made to order at forty bobs per copy and do not care to have holes burned in these shoes.

But Joe does not care what kind of shoes the guys are wearing when he feels like giving out hot foots, and furthermore, he does not care who the guys are, although many citizens think he makes a mistake the time he gives a hot foot to Frankie Ferocious. In fact, many citizens are greatly horrified by this action, and go around saying no good will come of it.

This Frankie Ferocious comes from over in Brooklyn, where he is considered a rising citizen in many respects, and by no means a guy to give hot foots to, especially as Frankie Ferocious has no sense of humour whatever. In fact, he is always very solemn, and nobody ever sees him laugh, and he certainly does not laugh when Joe the Joker gives him a hot foot one day on Broadway when Frankie Ferocious is standing talking over a business matter with some guys from the Bronx.

He only scowls at Joe, and says something in Italian, and while I do not understand Italian, it sounds so unpleasant that I guarantee I will leave town inside of the next two hours if he says it to me.

Of course Frankie Ferocious's name is not really Ferocious, but something in Italian like Feroccio, and I hear he originally comes from Sicily, although he lives in Brooklyn for quite some years, and from a modest beginning he builds himself up until he is a very large operator in merchandise of one kind and another, especially alcohol. He is a big guy of maybe thirty-

die Schuhe trägt. Außerdem ist Faxen-Joe in der Lage, sich zur Genüge vorzusehen, falls dem Burschen, der den heißen Fuß kriegt, danach zumute ist, die Herausforderung anzunehmen, was manchmal vorkommt, besonders mit Leuten, die ihre Schuhe nach Maß zu vierzig Dollar das Stück herstellen lassen und nicht scharf darauf sind, daß jemand Löcher in sie brennt.

Aber Joe kümmert es nicht, was für Schuhe die Kerle tragen, wenn er gerade Lust hat, heiße Füße zu verpassen, und außerdem ist es ihm gleichgültig, welche Leute es sind, obgleich viele Bürger finden, daß er einen Fehler begeht, wenn er etwa dem Grimmigen Frankie einen heißen Fuß verpaßt. Viele Bürger sind wirklich ganz entsetzt über diese Tat, gehen umher und sagen: es kommt nichts Gutes dabei raus.

Dieser Grimmige Frankie kommt aus Brooklyn herüber, wo er in mancher Hinsicht als aufstrebender Bürger gilt und keineswegs als einer, dem man einen heißen Fuß andreht, besonders weil der Grimmige Frankie ganz und gar keinen Sinn für Humor hat. Er ist wirklich immer sehr ernst; nie sieht man ihn lachen, und gewiß lacht er nicht, wie Faxen-Joe ihm eines Tages auf dem Broadway einen heißen Fuß verpaßt, während der Grimmige Frankie dabei ist, mit einigen Kumpeln aus der Bronx Geschäftliches zu besprechen.

Er sieht Joe nur schief an und sagt etwas auf italienisch, und obgleich ich kein Italienisch verstehe, klingt es so unerfreulich, daß ich ganz bestimmt die Stadt innerhalb der beiden nächsten Stunden verlassen werde, wenn er es zu mir sagt.

Natürlich heißt der Grimmige Frankie nicht wirklich so, sondern auf Italienisch so ähnlich wie Feroccio; ursprünglich soll er aus Sizilien stammen, wenn er auch schon eine ganze Reihe von Jahren in Brooklyn lebt;
                                  und aus bescheidenen Anfängen baut er sich auf, bis er ein sehr großer Unternehmer ist, der mit irgendwelcher Ware handelt, hauptsächlich mit Alkohol. Er ist ein kräftiger Bursche von vielleicht gut

odd, and he has hair blacker than a yard up a chimney, and black eyes, and black eyebrows, and a slow way of looking at people.

Nobody knows a whole lot about Frankie Ferocious, because he never has much to say, and he takes his time saying it, but everybody gives him plenty of room when he comes around, as there are rumours that Frankie never likes to be crowded. As far as I am concerned, I do not care for any part of Frankie Ferocious, because his slow way of looking at people always makes me nervous, and I am always sorry Joe the Joker gives him a hot foot, because I figure Frankie Ferocious is bound to consider it a most disrespectful action, and hold it against everybody that lives on the Island of Manhattan.

But Joe the Joker only laughs when anybody tells him he is out of line in giving Frankie the hot foot, and says it is not his fault if Frankie has no sense of humour. Furthermore, Joe says he will not only give Frankie another hot foot if he gets a chance, but that he will give hot foots to the Prince of Wales or Mussolini, if he catches them in the right spot, although Regret, the horse player, states that Joe can have twenty to one any time that he will not give Mussolini any hot foots and get away with it.

Anyway, just as I suspect, there is Joe the Joker watching me when I feel the hot foot, and he is laughing very heartily, and furthermore, a large number of other citizens are also laughing heartily, because Joe the Joker never sees any fun in giving people the hot foot unless others are present to enjoy the joke.

Well, naturally when I see who it is gives me the hot foot I join in the laughter, and go over and shake hands with Joe, and when I shake hands with him there is more laughter, because

dreißig Jahren; sein Haar ist schwärzer als das Innere eines Schornsteins; er hat schwarze Augen, schwarze Brauen und eine träge Art, die Leute zu betrachten.

Niemand weiß eigentlich so richtig Bescheid über den Grimmigen Frankie, weil dieser nie viel zu sagen hat und weil er sich Zeit läßt, es zu sagen, doch jeder macht ihm reichlich Platz, wenn er daherkommt, da man sich erzählt, daß Frankie sich überhaupt nicht gern eingeengt fühlt. Soweit es mich betrifft, kümmere ich mich um nichts, was mit dem Grimmigen Frankie zu tun hat, weil seine träge Art, die Leute anzuschauen, mich stets beunruhigt; und es tut mir immer leid, daß Faxen-Joe ihm einen heißen Fuß verpaßt, weil ich mir vorstelle, daß der Grimmige Frankie dieses zwangsläufig als etwas Ungehöriges ansieht und es jedem zur Last legt, der auf der Insel Manhattan seinen Wohnsitz hat.

Aber Faxen-Joe lacht bloß, wenn ihm jemand sagt, daß es ungezogen von ihm ist, Frankie den heißen Fuß anzudrehen. Er meint, es ist nicht seine Schuld, wenn Frankie für Humor nichts übrig hat. Außerdem, sagt Joe, will er nicht nur Frankie nochmal einen heißen Fuß verpassen, wenn er eine Gelegenheit kriegt, sondern auch dem Prinzen von Wales oder Mussolini, sofern er sie am richtigen Fleck erwischt, obschon Regret, der auf Pferde setzt, erklärt, Joe kann jederzeit zwanzig zu eins wetten, daß er Mussolini keine heißen Füße verpassen und ungestraft davonkommen wird.

Genau wie ich es vermute, beobachtet mich jedenfalls Faxen-Joe, sowie ich den heißen Fuß spüre, und er lacht ganz herzhaft;

außerdem lachen auch viele andere Bürger von Herzen, weil es dem Faxen-Joe nie Spaß macht, jemandem den heißen Fuß zu verpassen, wenn nicht andere Leute dabei sind, um sich über den Jux zu freuen.

Nun: wie ich natürlich sehe, *wer* mir den heißen Fuß andreht, lache ich mit, gehe auf Joe zu und schüttle ihm die Hand. Und wie ich ihm die Hand schüttle, gibt es noch mehr Gelächter, weil Joe anscheinend einen Brocken Lim-

it seems Joe has a hunk of Limburger. Furthermore, it is some of Mindy's Limburger cheese, and everybody knows Mindy's Limburger is very squashy, and also very loud.

Of course I laugh at this, too, although to tell the truth I will laugh much more heartily if Joe the Joker drops dead in front of me, because I do not like to be made the subject of laughter on Broadway. But my laugh is really quite hearty when Joe takes the rest of the cheese that is not on my fingers and smears it on the steering-wheels of some automobiles parked in front of Mindy's because I get to thinking of what the drivers will say when they start steering their cars.

Then I get talking to Joe the Joker, and I ask him how things are up in Harlem, where Joe and his younger brother, Freddy, and several other guys have a small organization operating in beer, and Joe says things are as good as can be expected considering business conditions. Then I ask him how Rosa is getting along, this Rosa being Joe the Joker's ever-loving wife, and a personal friend of mine, as I know her when she is Rosa Midnight and is singing in the old Hot Box before Joe hauls off and marries her.

Well, at this question Joe the Joker starts laughing, and I can see that something appeals to his sense of humour, and finally he speaks as follows:

"Why," he says, "do you not hear the news about Rosa? She takes the wind on me a couple of months ago for my friend Frankie Ferocious, and is living in an apartment over in Brooklyn, right near his house, although," Joe says, "of course you understand I am telling you this only to answer your question, and not to holler copper on Rosa."

Then he lets out another large ha-ha, and in fact Joe the Joker keeps laughing until I am afraid

burger Käse in der Pfote hat und ich diesem Limburger die Hand drücke. Obendrein ist es Limburger von Mindy, und jeder weiß, daß Mindys Limburger recht matschig ist und sehr stark riecht.

Selbstverständlich lache ich auch darüber, obschon ich, ehrlich gesagt, viel herzhafter lachen werde, wenn Faxen-Joe vor mir tot zu Boden sinkt, weil ich mich nicht gern auf dem Broadway zum Gespött machen lasse. Aber mein Lachen kommt wirklich so recht von Herzen, wie nun Joe den übrigen Käse, der nicht an meinen Fingern klebt, nimmt und ihn an die Lenkräder einiger Autos schmiert, die vor Mindys Bude geparkt sind, weil ich dann nämlich daran denke, was wohl die Fahrer sagen werden, wenn sie ihre Wagen anlassen.

Dann komme ich mit Faxen-Joe ins Gespräch und frage ihn, wie die Dinge in Harlem stehen, wo Joe und sein jüngerer Bruder Freddy, zusammen mit etlichen weiteren Kumpeln, einen kleinen Biervertrieb haben, und Joe sagt, daß es so läuft, wie man es in Anbetracht der Geschäftslage erwarten kann. Dann erkundige ich mich, wie sich Rosa durchschlägt; diese Rosa ist nämlich Faxen-Joes treuliebende Frau und eine persönliche Freundin von mir, da ich sie schon kenne, als sie noch die Mitternachtsrosa ist und in der alten «Heißen Kiste» singt, ehe Joe sie von dort wegholt und heiratet.

Nun, bei dieser Frage fängt Faxen-Joe zu lachen an, und ich kann sehen, daß etwas seinen Sinn für Humor anspricht; schließlich sagt er folgendes:

«Na», sagt er, «hörst du nicht, was man von Rosa erzählt? Vor ein paar Monaten reißt sie von mir aus, um sich dem Grimmigen Frankie, meinem Freund, zuzuwenden; sie lebt in einer Etagenwohnung drüben in Brooklyn, ganz in der Nähe seines Hauses», sagt Joe, «obgleich du natürlich verstehst, daß ich dir das nur erzähle, um deine Frage zu beantworten und nicht, damit du herumbrüllst, um die Bullen auf Rosa zu hetzen.»

Dann bricht er nochmal in ein breites Ha-ha aus, und Faxen-Joe lacht wirklich weiter, bis ich mir Sorgen ma-

he will injure himself internally. Personally, I do not see anything comical in a guy's ever-loving wife taking the wind on him for a guy like Frankie Ferocious, so when Joe the Joker quiets down a bit I ask him what is funny about the proposition.

"Why," Joe says, "I have to laugh every time I think of how the big greaseball is going to feel when he finds out how expensive Rosa is. I do not know how many things Frankie Ferocious has running for him in Brooklyn," Joe says, "but he better try to move himself in on the mint if he wishes to keep Rosa going."

Then he laughs again, and I consider it wonderful the way Joe is able to keep his sense of humour even in such a situation as this, although up to this time I always think Joe is very daffy indeed about Rosa, who is a little doll, weighing maybe ninety pounds with her hat on and quite cute.

Now I judge from what Joe the Joker tells me that Frankie Ferocious knows Rosa before Joe marries her and is always pitching to her when she is singing in the Hot Box, and even after she is Joe's ever-loving wife, Frankie occasionally calls her up, especially when he commences to be a rising citizen of Brooklyn, although of course Joe does not learn about these calls until later. And about the time Frankie Ferocious commences to be a rising citizen of Brooklyn, things begin breaking a little tough for Joe the Joker, what with the depression and all, and he has to economize on Rosa in spots, and if there is one thing Rosa cannot stand it is being economized on.

Along about now, Joe the Joker gives Frankie Ferocious the hot foot, and just as many citizens state at the time, it is a mistake, for Frankie starts calling Rosa up more than somewhat, and speaking of what a nice place Brooklyn is to live

che, daß er sich innere Verletzungen zuziehen wird. Ich persönlich sehe nichts Spaßiges darin, daß einem Kumpel die treuliebende Frau davonrennt, um sich so einem wie dem Grimmigen Frankie zuzuwenden; als Faxen-Joe sich ein wenig beruhigt, frage ich ihn daher, was an der Geschichte spaßig ist.

«Na», bemerkt er, «ich muß jedesmal lachen, wenn ich daran denke, wie dem eingebildeten Schmalzlocken-Adonis zumute sein wird, sobald er merkt, wie teuer Rosa ist. Ich weiß nicht, wieviele Dinger der Grimmige Frankie hier in Brooklyn für sich laufen hat», sagt Joe, «aber es wäre besser, er würde in die Münzanstalt umziehen, falls er haben will, daß Rosa spurt.»

Dann lacht er wieder, und für mich ist es herrlich, wenn ich sehe, wie Joe seinen Sinn für Humor sogar in einer solchen Lage behalten kann, obwohl ich bis jetzt immer noch glaube, daß er wirklich arg verknallt in Rosa ist, eine kleine, ganz fesche Puppe, die vielleicht neunzig Pfund wiegt, wenn sie den Hut aufhat.

Nun vermute ich aufgrund dessen, was mir Faxen-Joe erzählt, daß der Grimmige Frankie sie schon kennt, bevor Joe sie zur Frau nimmt, und daß er sich immer an sie heranmacht, wenn sie in der «Heißen Kiste» singt. Selbst nachdem sie Joes treuliebende Frau ist, ruft Frankie sie gelegentlich an, besonders, sobald er ein angesehener Bürger Brooklyns zu werden beginnt; Joe erfährt natürlich erst später von diesen Anrufen. Und etwa zu der Zeit, als der Grimmige Frankie drauf und dran ist, ein angesehener Bürger Brooklyns zu werden, kommt es allmählich ein bißchen dick für Faxen-Joe, zum Teil durch die Wirtschaftskrise und das alles; er muß stellenweise bei Rosa einsparen, und wenn es etwas gibt, was Rosa nicht leiden kann, ist es, daß an ihr gespart wird.

Ungefähr zu dieser Zeit verpaßt Faxen-Joe dem Grimmigen Frankie den heißen Fuß, und gerade das ist, wie manche Mitbürger nun sagen, ein Fehler, denn Frankie beginnt, Rosa öfter als nur dann und wann anzurufen und davon zu reden, was Brooklyn für eine nette Wohngegend

in — which it is, at that — and between these boosts for Brooklyn and Joe the Joker's economy, Rosa hauls off and takes a subway to Borough Hall, leaving Joe a note telling him that if he does not like it he knows what he can do.

"Well, Joe," I say, after listening to his story, "I always hate to hear of these little domestic difficulties among my friends, but maybe this is all for the best. Still, I feel sorry for you, if it will do you any good," I say.

"Do not feel sorry for me," Joe says. "If you wish to feel sorry for anybody, feel sorry for Frankie Ferocious, and," he says, "if you can spare a little more sorrow, give it to Rosa."

And Joe the Joker laughs very hearty again and starts telling me about a little scatter that he has up in Harlem where he keeps a chair fixed up with electric wires so he can give anybody that sits down in it a nice jolt, which sounds very humorous to me, at that, especially when Joe tells me how they turn on too much juice one night and almost kill Commodore Jake.

Finally Joe says he has to get back to Harlem, but first he goes to the telephone in the corner cigar store and calls up Mindy's and imitates a doll's voice, and tells Mindy he is Peggy Joyce, or somebody, and orders fifty dozen sandwiches sent up at once to an apartment in West Seventy-second Street for a birthday party, although of course there is no such number as he gives, and nobody there will wish fifty dozen sandwiches if there is such a number.

Then Joe gets in his car and starts off, and while he is waiting for the traffic lights at Fiftieth Street, I see citizens on the sidewalks making sudden leaps, and looking around very fierce, and I know Joe the Joker is plugging them with pellets made out of tin foil, which he fires from

ist – was ja obendrein stimmt –, und zwischen dieser Stimmungsmache für Brooklyn und der Sparsamkeit des Faxen-Joe haut Rosa ab, nimmt eine U-Bahn nach Borough Hall und hinterläßt Joe einen Zettel mit der Mitteilung, daß er ja weiß, was er tun kann, wenn es ihm nicht paßt.

«Na, Joe», sage ich, nachdem ich mir seine Geschichte angehört habe, «ich kann es immer nicht ausstehen, von diesen kleinen häuslichen Schwierigkeiten bei meinen Freunden zu hören, aber vielleicht ist das alles so am besten. Dennoch tut es mir leid für dich, wenn dir das irgendwie hilft», bemerke ich.

«Ich brauche dir nicht leid tun», sagt Joe. «Wenn du jemand bedauern willst, so bedaure den Grimmigen Frankie und», fügte er hinzu, «wenn du noch ein bißchen mehr Bedauern erübrigen kannst, so schenke es Rosa.»

Und Faxen-Joe lacht wieder sehr herzhaft und fängt an, mir von einer kleinen Bude zu erzählen, die er in Harlem droben besitzt, wo er einen Sessel hat, der so mit elektrischen Drähten ausgerüstet ist, daß jedem, der sich auf ihm niederläßt, ein hübscher Schlag verpaßt werden kann, was ich noch dazu sehr ulkig finde, besonders als Joe mir erzählt, wie sie eines Abends zu viel «Saft» durchlassen und Commodore Jake fast umbringen.

Schließlich sagt Joe, daß er nach Harlem zurück muß, doch zuerst geht er ans Telefon im Zigarrenladen an der Ecke und ruft bei Mindy an; er macht eine Frauenstimme nach, sagt zu Mindy, daß er Peggy Joyce ist oder so ähnlich und läßt sofort fünfzig Dutzend belegte Brote für eine Geburtstagsfeier in eine Wohnung in die 72. Straße West schicken, obgleich es eine Nummer, die er nennt, natürlich nicht gibt und niemand dort die fünfzig Dutzend Brötchen haben will, falls es eine solche Nummer gibt.

Dann steigt Joe in seinen Wagen und fährt los, und während er in der Fünfzigsten Straße an der Verkehrsampel auf Grün wartet, sehe ich, wie manche Mitbürger plötzlich auf den Gehsteigen Sprünge machen und ganz wütend um sich schauen, und ich weiß, daß Faxen-Joe sie gerade mit Kügelchen aus Zinnfolie beschießt, die er von einem

a rubber band hooked between his thumb and forefinger.

Joe the Joker is very expert with this proposition, and it is very funny to see the citizens jump, although once or twice in his life Joe makes a miscue and knocks out somebody's eye. But it is all in fun, and shows you what a wonderful sense of humour Joe has.

Well, a few days later I see by the papers where a couple of Harlem guys Joe the Joker is mobbed up with are found done up in sacks over in Brooklyn, very dead indeed, and the coppers say it is because they are trying to move in on certain business enterprises that belong to nobody but Frankie Ferocious. But of course the coppers do not say Frankie Ferocious puts these guys in the sacks, because in the first place Frankie will report them to Headquarters if the coppers say such a thing about him, and in the second place putting guys in sacks is strictly a St Louis idea and to have a guy put in a sack properly you have to send to St Louis for experts in this matter.

Now, putting a guy in a sack is not as easy as it sounds, and in fact it takes quite a lot of practice and experience. To put a guy in a sack properly, you first have to put him to sleep, because naturally no guy is going to walk into a sack wide awake unless he is a plumb sucker. Some people claim the best way to put a guy to sleep is to give him a sleeping powder of some kind in a drink, but the real experts just tap the guy on the noggin with a blackjack, which saves the expense of buying the drink.

Anyway, after the guy is asleep, you double him up like a pocketknife, and tie a cord or a wire around his neck and under his knees. Then you put him in a gunny sack, and leave him some place, and by and by when the guy wakes up and

zwischen Daumen und Zeigefinger gespannten Gummiband schnippt.

Faxen-Joe ist in dieser Sache sehr erfahren, und es ist recht ulkig, Mitbürger hüpfen zu sehen, obschon Joe ein- oder zweimal im Leben daneben trifft und jemandem ein Auge ausschießt. Aber das geschieht alles aus Spaß und zeigt einem, was für einen herrlichen Sinn für Humor Joe hat.

Nun, ein paar Tage später erfahre ich aus den Zeitungen, wo einige Jungs aus Harlem, die zusammen mit Faxen-Joe eine Bande bilden, in Brooklyn drüben ‹erledigt› in Säcken aufgefunden werden, wirklich mausetot, und die Bullen sehen den Grund darin, daß die versucht haben, in gewisse geschäftliche Unternehmungen einzudringen, die niemandem anderen gehören als dem Grimmigen Frankie. Aber natürlich sagen die Bullen nicht, daß der Grimmige Frankie diese Burschen in die Säcke steckt, weil Frankie sie erstens der Polizeidirektion meldet, wenn die Bullen so etwas über ihn sagen, und zweitens, weil der Einfall, Kerle in Säcke zu stecken, strikt auf St Louis begrenzt ist, und um jemand richtig in einen Sack stecken zu lassen, muß man sich an Fachleute aus St Louis wenden.

Nun, es ist nicht so einfach, wie es sich anhört, einen Burschen in einen Sack zu stecken; man braucht schon eine ganze Menge Übung und Erfahrung dazu. Um einen Burschen fachmännisch in einen Sack zu stecken, muß man ihn erst einschläfern, weil selbstverständlich keiner in hellwachem Zustand in einen Sack wandert, sofern er nicht ein ausgemachter Gimpel ist. Einige Leute behaupten, die beste Art, einen Kerl einzuschläfern, besteht darin, ihm irgendein Schlafpulver in ein Getränk zu geben, aber die wirklichen Fachleute ziehen ihm einfach mit einem Totschläger eins über den Kürbis, was die Auslage für das Getränk erübrigt.

Jedenfalls klappt man den Kerl, sobald er schläft, wie ein Taschenmesser zusammen und wickelt ihm einen Strick oder Draht um den Hals und unter die Knie. Dann steckt man ihn in einen Jutesack und läßt ihn irgendwo liegen.

finds himself in the sack, naturally he wants to get out and the first thing he does is to try to straighten out his knees. This pulls the cord around his neck up so tight that after a while the guy is all out of breath.

So then when somebody comes along and opens the sack they find the guy dead, and nobody is responsible for this unfortunate situation, because after all the guy really commits suicide, because if he does not try to straighten out his knees he may live to a ripe old age, if he recovers from the tap on the noggin.

Well, a couple of days later I see by the papers where three Brooklyn citizens are scragged as they are walking peaceably along Clinton Street, the scragging being done by some parties in an automobile who seem to have a machine gun, and the papers state that the citizens are friends of Frankie Ferocious, and that it is rumoured the parties with the machine gun are from Harlem.

I judge by this that there is some trouble in Brooklyn, especially as about a week after the citizens are scragged in Clinton Street, another Harlem guy is found done up in a sack like a Virginia ham near Prospect Park, and now who is it but Joe the Joker's brother, Freddy, and I know Joe is going to be greatly displeased by this.

By and by it gets so nobody in Brooklyn will open as much as a sack of potatoes without first calling in the gendarmes, for fear a pair of No. 8 shoes will jump out at them.

Now one night I see Joe the Joker, and this time he is all alone, and I wish to say I am willing to leave him all alone, because something tells me he is hotter than a stove. But he grabs me as I am going past, so naturally I stop to talk to him, and the first thing I say is how sorry I am about his brother.

Nach und nach, wenn der Bursche aufwacht und merkt, daß er im Sack steckt, will er natürlich heraus, und als erstes versucht er, die Knie auszustrecken. Dadurch zieht sich der Strick um seinen Hals so fest zu, daß dem Kerl nach einer Weile völlig die Puste ausgeht.

Wenn also dann jemand daherkommt und den Sack aufmacht, findet man den Burschen tot, und niemand ist für diese unglückliche Lage zur Verantwortung zu ziehen, weil der ja tatsächlich Selbstmord begeht und weil er, falls er nicht versucht, die Knie auszustrecken, vielleicht ein hohes Alter erreicht, sofern er sich von dem Schlag auf die Rübe erholt.

Nun, ein paar Tage später entnehme ich den Zeitungen, wo drei Bürger aus Brooklyn abgemurkst werden, als sie friedlich die Clinton Street entlanggehen; das Abmurksen wird aus einem Auto heraus von ein paar Leuten besorgt, die scheints ein Maschinengewehr haben; die Zeitungen melden, daß die Bürger Freunde des Grimmigen Frankie sind; die Leute mit dem Maschinengewehr sollen aus Harlem sein.

Ich schließe daraus, daß es in Brooklyn einigen Ärger gibt, besonders, weil etwa eine Woche, nachdem die Bürger der Clinton Street um die Ecke gebracht werden, ein weiterer Kerl aus Harlem in der Nähe des Prospect-Parks wie ein Schinken verschnürt in einem Sack aufgefunden wird. Wer sollte es sonst sein als Freddy, der Bruder vom Faxen-Joe, und ich weiß, daß das dem Joe arg mißfallen wird.

Allmählich kommt es so weit, daß niemand in Brooklyn auch nur einen Sack Kartoffeln aufmacht, ohne zuerst die Polizei zu rufen, aus Angst, daß ein Paar Schuhe der Größe acht herausspringt.

Eines Abends sehe ich nun Faxen-Joe, und diesmal ist er ganz allein, und ich möchte zu verstehen geben, daß ich gewillt bin, ihn ganz allein zu lassen, weil mir irgendetwas sagt, der ist heißer als ein Ofen. Aber er hält mich fest, als ich vorbeigehe; so bleibe ich natürlich stehen, um mit ihm zu reden, und als erstes sage ich ihm, wie leid es mir um seinen Bruder tut.

"Well," Joe the Joker says, "Freddy is always a kind of a sap. Rosa calls him up and asks him to come over to Brooklyn to see her. She wishes to talk to Freddy about getting me to give her a divorce," Joe says, "so she can marry Frankie Ferocious, I suppose. Anyway," he says, "Freddy tells Commodore Jake why he is going to see her. Freddy always likes Rosa, and thinks maybe he can patch it up between us. So," Joe says, "he winds up in a sack. They get him after he leaves her apartment. I do not claim Rosa will ask him to come over if she has any idea he will be sacked," Joe says, "but," he says, "she is responsible. She is a bad-luck doll."

Then he starts to laugh, and at first I am greatly horrified, thinking it is because something about Freddy being sacked strikes his sense of humour, when he says to me, like this:

"Say," he says, "I am going to play a wonderful joke on Frankie Ferocious."

"Well, Joe," I say, "you are not asking me for advice, but I am going to give you some free, gratis, and for nothing. Do not play any jokes on Frankie Ferocious, as I hear he has no more sense of humour than a nanny goat. I hear Frankie Ferocious will not laugh if you have Al Jolson, Eddie Cantor, Ed Wynn and Joe Cook telling him jokes all at once. In fact," I say, "I hear he is a tough audience."

"Oh," Joe the Joker says, "he must have some sense of humour somewhere to stand for Rosa. I hear he is daffy about her. In fact, I understand she is the only person in the world he really likes, and trusts. But I must play a joke on him. I am going to have myself delivered to Frankie Ferocious in a sack."

Well, of course I have to laugh at this myself, and Joe the Joker laughs with me. Personally, I

«Na», sagt Faxen-Joe, «Freddy ist schon immer eine Art Schafskopf. Rosa ruft ihn an und bittet ihn, nach Brooklyn hinüberzukommen und sie zu besuchen. Sie will mit Freddy darüber plaudern, wie ich zu bewegen bin, einer Scheidung zuzustimmen», sagt Joe, «vermutlich, damit sie den Grimmigen Frankie heiraten kann. Freddy erzählt jedenfalls Commodore Jake, warum er sie aufsucht. Freddy hat Rosa noch immer gern und glaubt vielleicht, daß er den Bruch zwischen uns beiden kitten kann. Auf diese Weise», sagt Joe, «endet er in einem Sack. Sie kriegen ihn, nachdem er ihre Wohnung verläßt. Ich behaupte nicht, daß Rosa ihn hinüberbittet, falls sie eine Ahnung hat, daß er eingesackt wird», bemerkt Joe, «aber sie ist verantwortlich. An der Puppe klebt Pech.»

Dann fängt er zu lachen an, und zunächst erschrecke ich gewaltig, weil ich glaube, daß etwas an Freddys Verschwinden im Sack seinen Sinn für Humor erregt; dann vertraut er mir folgendes an:

«Hör zu! Ich bin dabei, dem Grimmigen Frankie einen herrlichen Streich zu spielen.»

«Na, Joe», sage ich, «du fragst mich zwar nicht um Rat; ich will dir aber jetzt aus freien Stücken einen geben, ohne Entgelt und umsonst: Du solltest dem Grimmigen Frankie keine Streiche spielen; wie ich höre, hat er so wenig Humor wie eine Geiß. Ich habe erfahren, daß Frankie nicht einmal dann lacht, wenn du ihm von einem halben Dutzend berühmter Unterhaltungskünstler Witz um Witz erzählen läßt. Er soll wirklich», sage ich, «ein schwieriger Zuhörer sein.»

«Ach», sagt Faxen-Joe, «irgendwo muß er ein bißchen Sinn für Humor haben, da er ja Rosa erträgt. Er soll in sie vernarrt sein. Ich habe tatsächlich gehört, daß sie der einzige Mensch ist, den er wirklich liebt und dem er vertraut. Aber ich muß ihm einen Streich spielen. Ich werde mich jetzt mal selber an Frankie in einem Sack schicken lassen.»

Nun, darüber muß ich natürlich selber lachen, und Faxen-Joe lacht mit. Ich persönlich lache bloß über den

am laughing just at the idea of anybody having themselves delivered to Frankie Ferocious in a sack, and especially Joe the Joker, but of course I have no idea Joe really means what he says.

"Listen," Joe says, finally. "A guy from St Louis who is a friend of mine is doing most of the sacking for Frankie Ferocious. His name is Ropes McGonnigle. In fact," Joe says, "he is a very dear old pal of mine, and he has a wonderful sense of humour like me. Ropes McGonnigle has nothing whatever to do with sacking Freddy," Joe says, "and he is very indignant about it since he finds out Freddy is my brother, so he is anxious to help me play a joke on Frankie.

"Only last night," Joe says, "Frankie Ferocious sends for Ropes and tells him he will appreciate it as a special favour if Ropes will bring me to him in a sack. I suppose," Joe says, "that Frankie Ferocious hears from Rosa what Freddy is bound to tell her about my ideas on divorce. I have very strict ideas on divorce," Joe says, "especially where Rosa is concerned. I will see her in what's-this before I ever do her and Frankie Ferocious such a favour as giving her a divorce."

"Anyway," Joe the Joker says, "Ropes tells me about Frankie Ferocious propositioning him, so I send Ropes back to Frankie Ferocious to tell him he knows I am to be in Brooklyn tomorrow night, and furthermore, Ropes tells Frankie that he will have me in a sack in no time. And so he will," Joe says.

"Well," I say, "personally, I see no percentage in being delivered to Frankie Ferocious in a sack, because as near as I can make out from what I read in the papers, there is no future for a guy in a sack that goes to Frankie Ferocious. What I cannot figure out," I say, "is where the joke on Frankie comes in."

Einfall, daß sich einer, und ausgerechnet Faxen-Joe, in einem Sack an Frankie liefern läßt; daß Joe aber tatsächlich meint, was er sagt, dieser Gedanke kommt mir natürlich nicht.

«Hör zu!» sagt Joe schließlich. «Ein Kumpel aus St Louis, mit dem ich befreundet bin, besorgt für den Grimmigen Frankie den größten Teil des Einsackens. Er heißt Ropes McGonnigle. Er ist wirklich», sagt Joe, «ein sehr lieber, alter Spezi von mir und hat, wie ich, einen köstlichen Sinn für Humor. Ropes McGonnigle hat mit Freddys Verschwinden im Sack überhaupt nichts zu tun», sagt Joe, «und ist sehr aufgebracht darüber, als er erfährt, daß Freddy mein Bruder ist. Er ist deshalb scharf darauf, mir zu helfen, Frankie einen Streich zu spielen.»

«Erst gestern abend», sagt Joe, «läßt Frankie den Ropes kommen und sagt ihm, daß er es als besondere Gefälligkeit würdigen wird, wenn Ropes mich in einem Sack zu ihm bringt. Vermutlich», sagt Joe, «erfährt der Grimmige Frankie von Rosa, was Freddy über meine Vorstellungen von einer Scheidung erzählen soll. Ich habe sehr strenge Ansichten über die Scheidung», bemerkt Joe, «besonders, wo es Rosa betrifft. Lieber will ich sie in Dingsbums sehen, ehe ich ihr und dem Grimmigen Frankie jemals den Gefallen erweise, in eine Scheidung einzuwilligen.»

«Jedenfalls», sagt Faxen-Joe, «berichtet mir Ropes über das, was ihm der Grimmige Frankie vorschlägt; ich schicke also Ropes an Frankie zurück, um ihm Bescheid zu geben, damit er weiß, ich soll morgen abend in Brooklyn sein; außerdem sagt Ropes dem Frankie, daß er mich im Handumdrehen eingesackt haben wird. Und er wird mich auch einsacken», versichert Joe.

«Na», sage ich, «ich persönlich sehe keinen Gewinn darin, dem Grimmigen Frankie in einem Sack zugestellt zu werden: soweit ich aus dem, was ich in den Zeitungen lese, erkennen kann, gibt es keine Zukunft für jemanden, der in einem Sack an den Grimmigen Frankie geht. Was ich mir nicht erklären kann», sage ich, «ist, wo der Schabernack gegenüber Frankie anfängt.»

"Why," Joe the Joker says, "the joke is, I will not be asleep in the sack, and my hands will not be tied, and in each of my hands I will have a John Roscoe, so when the sack is delivered to Frankie Ferocious and I pop out blasting away, can you not imagine his astonishment?"

Well, I can imagine this, all right. In fact when I get to thinking of the look of surprise that is bound to come to Frankie Ferocious's face when Joe the Joker comes out of the sack I have to laugh, and Joe the Joker laughs right along with me.

"Of course," Joe says, "Ropes McGonnigle will be there to start blasting with me, in case Frankie Ferocious happens to have any company."

Then Joe the Joker goes on up the street, leaving me still laughing, from thinking of how amazed Frankie Ferocious will be when Joe bounces out of the sack and starts throwing slugs around and about. I do not hear of Joe from that time to this, but I hear the rest of the story from very reliable parties.

It seems that Ropes McGonnigle does not deliver the sack himself, after all, but sends it by an expressman to Frankie Ferocious's home. Frankie Ferocious receives many sacks such as this in his time, because it seems that it is a sort of passion with him to personally view the contents of the sacks and check up on them before they are distributed about the city, and of course Ropes McGonnigle knows about this passion from doing so much sacking for Frankie.

When the expressman takes the sack into Frankie's house, Frankie personally lugs it down into his basement, and there he outs with a big John Roscoe and fires six shots into the sack, because it seems Ropes McGonnigle tips him off to Joe the Joker's plan to pop out of the sack and start blasting.

«Na», sagt Faxen-Joe, «der Witz ist der, daß ich im Sack nicht schlafen werde; meine Hände werden nicht gefesselt sein, und in jeder Hand werde ich ein Schießeisen haben. Wenn also der Sack dem Grimmigen Frankie zugestellt wird, und ich plötzlich herauskomme und drauflos ballere, – kannst du dir dann nicht vorstellen, was er für Augen machen wird?»

Na, das kann ich mir vorstellen, durchaus. Wenn ich tatsächlich an die überraschte Miene denke, die der Grimmige Frankie zwangsläufig aufsetzen wird, sobald Joe aus dem Sack kommt, dann muß ich lachen, und Faxen-Joe lacht so richtig mit.

«Natürlich», sagt Joe, «wird Ropes McGonnigle dabei sein, um zusammen mit mir loszuballern, für den Fall, daß der Grimmige Frankie zufällig Gesellschaft hat.»

Dann geht Faxen-Joe weiter die Straße entlang. Ich lache noch immer, weil ich daran denke, wie verblüfft der Grimmige Frankie sein wird, wenn Joe aus dem Sack schnellt und anfängt, reihum Pistolenkugeln zu feuern. Von Joe habe ich bis heute nichts gehört, aber den Rest der Geschichte habe ich mir von sehr verläßlichen Leuten erzählen lassen.

Ropes McGonnigle stellt den Sack anscheinend nicht selber zu, sondern schickt ihn durch einen Eilboten dem Grimmigen Frankie in die Wohnung. Der erhält damals viele solche Säcke, weil es bei ihm scheints so etwas wie Leidenschaft ist, den Inhalt der Säcke persönlich zu begutachten und zu überprüfen, ehe sie über die Stadt verteilt werden, und natürlich weiß Ropes McGonnigle von dieser Leidenschaft, besorgt er doch für Frankie so oft das Einsacken.

Sowie der Eilbote dem Grimmigen Frankie den Sack ins Haus bringt, schleppt Frankie das Ding persönlich in sein Kellergeschoß hinunter; und dort drischt er mit einem großen Revolver drauf und feuert sechs Schuß in den Sack rein; denn anscheinend hat Ropes McGonnigle ihn von Faxen-Joes Plan, aus dem Sack zu springen und loszuballern, in Kenntnis gesetzt.

I hear Frankie Ferocious has a very strange expression on his pan and is laughing the only laugh anybody ever hears from him when the gendarmes break in and put the arm on him for murder, because it seems that when Ropes McGonnigle tells Frankie of Joe the Joker's plan, Frankie tells Ropes what he is going to do with his own hands before opening the sack. Naturally, Ropes speaks to Joe the Joker of Frankie's idea about filling the sack full of slugs, and Joe's sense of humour comes right out again.

So, bound and gagged, but otherwise as right as rain in the sack that is delivered to Frankie Ferocious, is by no means Joe the Joker, but Rosa.

Ich habe erfahren, daß dem Grimmigen Frankie seine Visage einen sehr seltsamen Ausdruck annimmt und er in das einzige Lachen ausbricht, das man je von ihm gehört hat. In diesem Augenblick verschaffen sich die Polizisten mit Gewalt Einlaß und verhaften ihn unter Mordverdacht, weil anscheinend, als Ropes McGonnigle dem Frankie von Faxen-Joes Plan berichtet, Frankie dem Ropes erzählt, was er eigenhändig tun wird, ehe er den Sack aufmacht. Selbstverständlich spricht Ropes mit Faxen-Joe über Frankies Einfall, den Sack mit Kugeln vollzupumpen, und Joes Sinn für Humor zeigt sich wieder so recht deutlich.

In dem Sack, der dem Grimmigen Frankie zugestellt wird, steckt nämlich, gefesselt und geknebelt, sonst aber in schönster Ordnung, keineswegs Faxen-Joe, sondern Rosa.

"I'll tell you what I'm going to do with you, Mr Bartlett," said the great man. "I'm going to take you right out to my home and have you meet the wife and family; stay to dinner and all night. We've got plenty of room and extra pajamas, if you dont't mind them silk. I mean that'll give you a chance to see us just as we are. I mean you can get more that way than if you sat here a whole week, asking me questions."

"But I don't want to put you to a lot of trouble," said Bartlett.

"Trouble!" The great man laughed. "There's no trouble about it. I've got a house that's like a hotel. I mean a big house with lots of servants. But anyway I'm always glad to do anything I can for a writing man, especially a man that works for Ralph Doane. I'm very fond of Ralph. I mean I like him personally besides being a great editor. I mean I've known him for years and when there's anything I can do for him, I'm glad to do it. I mean it'll be a pleasure to have you. So if you want to notify your family –"

"I haven't any family," said Bartlett.

"Well, I'm sorry for you! And I bet when you see mine, you'll wish you had one of your own. But I'm glad you can come and we'll start now and so as to get there before the kiddies are put away for the night. I mean I want you to be sure and see the kiddies. I've got three."

"I've seen their pictures," said Bartlett. "You must be very proud of them. They're all girls, aren't they?"

"Yes, sir; three girls. I wouldn't have a boy. I mean I always wanted girls. I mean girls have got a lot more zip to them. I mean they're a lot zippier. But let's go! The Rolls is downstairs

Das Liebesnest

«Wissen Sie, Mr Bartlett, was ich jetzt mit Ihnen tue?» sagte der große Mann. «Ich nehme Sie gleich mit zu mir nach Hause, damit Sie meine Frau und meine Familie kennenlernen; bleiben Sie zum Abendessen und über Nacht. Wir haben viel Platz und reichlich Schlafanzüge, wenn es Sie nicht stört, daß sie aus Seide sind. Das heißt, Sie erhalten die Gelegenheit, uns so zu sehen, wie wir sind. Das heißt, Sie können auf diese Weise mehr erfahren, als wenn Sie eine ganze Woche hier säßen und mir Fragen stellten.»

«Aber ich will Sie doch nicht so belästigen», sagte Bartlett.

«Belästigen!» Der große Mann lachte. «Da gibt's keine Belästigung. Mein Haus ist wie ein Hotel. Das heißt: ein großes Haus mit einer Menge Diener. Aber ich freue mich sowieso, wenn ich alles in meiner Macht Stehende für einen Mann der schreibenden Zunft tun kann, besonders wenn einer für Ralph Doane arbeitet. Ich mag Ralph sehr gern. Das heißt, ich mag ihn persönlich, ganz abgesehen davon, daß er ein großer Redakteur ist. Das heißt, ich kenne ihn seit Jahren und wenn ich was für ihn tun kann, tu ich's gern. Das heißt, es wird mir ein Vergnügen sein, Sie bei uns zu haben. Wenn Sie Ihre Familie benachrichtigen wollen...»

«Ich habe keine Familie», sagte Bartlett.

«Nun, das tut mir leid für Sie! Und wenn Sie die meine sehen, wette ich, daß Sie sich wünschen, selber eine zu haben. Aber ich freue mich, daß Sie kommen können, und wir fahren jetzt los, damit wir heimkommen, ehe die Kinder zu Bett gebracht werden. Das heißt: ich will, daß Sie auf jeden Fall die Kleinen sehen. Ich habe drei.»

«Ich habe Bilder von ihnen gesehen», sagte Bartlett. «Sie müssen doch sehr stolz auf sie sein. Es sind lauter Mädchen, nicht wahr?»

«Ja, Sir, drei Mädchen. Ich möchte keinen Jungen. Das heißt, ich habe mir immer Mädchen gewünscht. Das heißt, Mädchen haben viel mehr Schwung. Ich meine, sie sind viel schwungvoller. Doch fahren wir los! Der Rolls steht unten,

and if we start now we'll get there before dark. I mean I want you to see the place while it's still daylight."

The great man – Lou Gregg, president of Modern Pictures, Inc. – escorted his visitor from the magnificent office by a private door and down a private stairway to the avenue, where the glittering car with its glittering chauffeur waited.

"My wife was in town today," said Gregg as they glided northward, "and I hoped we could ride out together, but she called up about two and asked would I mind if she went on home in the Pierce. She was through with her shopping and she hates to be away from the house and the kiddies any longer than she can help. Celia's a great home girl. You'd never know she was the same girl now as the girl I married seven years ago. I mean she's different. I mean she's not the same. I mean her marriage and being a mother has developed her. Did you ever see her? I mean in pictures?"

"I think I did once," replied Bartlett. "Didn't she play the young sister in *The Cad*?"

"Yes, with Harold Hodgson and Marie Blythe."

"I thought I'd seen her. I remember her as very pretty and vivacious."

"She certainly was! And she is yet! I mean she's even prettier, but of course she ain't a kid, though she looks it. I mean she was only seventeen in that picture and that was ten years ago. I mean she's twenty-seven years old now. But I never met a girl with as much zip as she had in those days. It's remarkable how marriage changes them. I mean nobody would ever have thought Celia Sayles would turn out to be a sit-by-the-fire. I mean she still likes a good time, but her home and kiddies come first. I mean her home and kiddies come first."

und wenn wir jetzt aufbrechen, werden wir noch vor der Dunkelheit hinkommen. Das heißt, ich möchte, daß Sie das Grundstück noch sehen, solange es hell ist.»

Der große Mann – Lou Gregg, Präsident der Modernen Film-Gesellschaft A.G. – geleitete seinen Besucher aus dem prunkvollen Büro durch eine Privattür über eine Privattreppe hinunter zur Auffahrt, wo der prächtige Wagen mit seinem prächtigen Fahrer wartete.

«Meine Frau war heute in der Stadt», sagte Gregg, als sie nordwärts glitten, «und ich hatte gehofft, wir könnten zusammen fahren, aber um zwei Uhr ungefähr rief sie an und fragte, ob ich etwas dagegen hätte, wenn sie im Pierce heimfahren würde. Sie war mit ihren Einkäufen fertig und ist nicht gern länger als unbedingt nötig von zu Hause und den Kindern weg. Celia ist ein richtiges Hausmütterchen. Sie würden nie glauben, daß sie dieselbe Frau ist, die ich vor sieben Jahren geheiratet habe. Das heißt, sie ist anders geworden. Das heißt, sie ist nicht dieselbe. Das heißt, ihre Ehe und die Tatsache, daß sie Mutter ist, haben sie vorangebracht. Haben Sie sie schon einmal gesehen? Ich meine im Film?»

«Einmal, glaube ich», erwiderte Bartlett. «Hat sie nicht in dem Film ‹Der Flegel› die jüngere Schwester gespielt?»

«Ja, mit Harold Hodgson und Marie Blythe.»

«Ich glaube, ich hatte sie gesehen. Ich habe sie als sehr hübsch und sehr lebhaft in Erinnerung.»

«Das war sie bestimmt! Und sie ist es noch! Das heißt, sie ist sogar noch hübscher, aber natürlich ist sie kein Kind, wenn sie auch so aussieht. Das heißt, sie war in dem besagten Film erst siebzehn, und das war vor zehn Jahren. Das heißt, sie ist jetzt siebenundzwanzig Jahre alt. Aber ich habe nie ein Mädchen getroffen, das so viel Schwung hatte wie sie damals.

Es ist bemerkenswert, wie die Ehe die Frauen verändert. Das heißt, niemand hätte je gedacht, daß Celia Sayles sich in ein Heimchen am Herd verwandeln würde. Das heißt, sie schätzt es immer noch, sich zu amüsieren, doch ihr Heim und ihre Kinder haben Vorrang.»

"I see what you mean," said Bartlett.

An hour's drive brought them to Ardsley-on-Hudson and the great man's home.

"A wonderful place!" Bartlett exclaimed with a heroic semblance of enthusiasm as the car turned in at an *arc de triomphe* of a gateway and approached a white house that might have been mistaken for the Yale Bowl.

"It ought to be!" said Gregg. "I mean I've spent enough on it. I mean these things cost money."

He indicated with a gesture the huge house and Urbanesque landscaping.

"But no amount of money is too much to spend on home. I mean it's a good investment if it tends to make your family proud and satisfied with their home. I mean every nickel I've spent here is like so much insurance; it insures me of a happy wife and family. And what more can a man ask!"

Bartlett didn't know, but the topic was forgotten in the business of leaving the resplendent Rolls and entering the even more resplendent reception hall.

"Forbes will take your things," said Gregg. "And, Forbes, you may tell Dennis that Mr Bartlett will spend the night. He faced the wide stairway and raised his voice. "Sweetheart!" he called.

From above came the reply in contralto: "Hello, sweetheart!"

"Come down, sweetheart. I've brought you a visitor."

"All right sweetheart, in just a minute."

Gregg led Bartlett into a living-room that was five laps to the mile and suggestive of an Atlantic City auction sale.

"Sit there," said the host, pointing to a balloon-stuffed easy chair, "and I'll see if we can get a drink. I've got some real old Bourbon that

«Ich verstehe, was Sie meinen», antwortete Bartlett.

Nach einstündiger Fahrt kamen sie in Ardsley-on-Hudson und dem Haus des großen Mannes an.

«Ein herrlicher Ort!» rief Bartlett mit hochtrabend sich gebender Begeisterung, als der Wagen in eine als Triumphbogen gestaltete Einfahrt bog und sich einem weißen Haus näherte, das man für das Stadion von Yale hätte halten können.

«Das sollte es auch sein!» sagte Gregg. «Das heißt, ich habe genug dafür ausgegeben. Das heißt, solche Sachen kosten Geld.»

Mit einer Handbewegung wies er auf das riesige Haus und die großzügige Landschaftsgestaltung.

«Aber keine Summe, die man fürs Zuhause ausgibt, ist zu hoch. Das heißt, es ist eine gute Geldanlage, wenn sie dazu führt, die eigene Familie stolz und zufrieden mit ihrem Heim zu machen. Das heißt, jedes Fünf-Cent-Stück, das ich hier ausgegeben habe, entspricht einer Versicherung in gleicher Höhe; es bürgt mir für eine glückliche Frau und Familie. Und was kann ein Mann mehr wollen!»

Bartlett wußte es nicht, doch man vergaß das Thema, weil man ja aus dem prunkvollen Rolls steigen und die noch prunkvollere Eingangshalle betreten mußte.

«Forbes wird Ihnen Ihre Sachen abnehmen», sagte Gregg. «Und, Forbes, Sie können Dennis sagen, daß Mr Bartlett die Nacht über bleibt.» Er stand vor dem weiten Treppenhaus und erhob die Stimme: «Liebling!» rief er.

Als Antwort ertönte von oben eine Altstimme: «Hallo, Liebling!»

«Komm herunter, Liebling. Ich habe dir einen Gast mitgebracht.»

«Sehr schön, Liebling, nur eine Minute.»

Gregg führte Bartlett in ein Wohnzimmer von riesigen Ausmaßen, das an eine Versteigerung in Atlantic City denken ließ.

«Nehmen Sie hier Platz», sagte der Gastgeber und zeigte auf einen Sessel, der wie ein Ballon aufgeblasen war, «ich werde sehen, ob wir etwas zu trinken bekommen können.

I'd like you to try. You know I come from Chicago and I always liked Bourbon better than Scotch. I mean I always preferred it to Scotch. Forbes," he addressed the servant, "we want a drink. You'll find a full bottle of that Bourbon in the cupboard."

"It's only half full, sir," said Forbes.

"Half full! That's funny! I mean I opened it last night and just took one drink. I mean it ought to be full."

"It's only half full," repeated Forbes, and went to fetch it.

"I'll have to investigate," Gregg told his guest. "I mean this ain't the first time lately that some of my good stuff has disappeared. When you keep so many servants, it's hard to get all honest ones. But here's Celia!"

Bartlett rose to greet the striking brunette who at this moment made an entrance so Delsarte as to be almost painful. With never a glance at him, she minced across the room to her husband and took a half interest in a convincing kiss.

"Well, sweetheart," she said when it was at last over.

"This is Mr Bartlett, sweetheart," said her husband. "Mr Bartlett, meet Mrs Gregg."

Bartlett shook his hostess's proffered two fingers.

"I'm so pleased!" said Celia in a voice reminiscent of Miss Claire's imitation of Miss Barrymore.

"Mr Bartlett," Gregg went on, "is with *Mankind*, Ralph Doane's magazine. He is going to write me up; I mean us."

"No, you mean you," said Celia. "I'm sure the public is not interested in great men's wives."

"I am sure you are mistaken, Mrs Gregg," said Bartlett politely. "In this case at least. You are

Ich habe einen echten alten Bourbon, den Sie versuchen sollten. Wissen Sie, ich komme aus Chicago, und mir war Bourbon immer lieber als Scotch. Das heißt, ich zog ihn immer dem Scotch vor. Forbes», wandte er sich an den Diener, «wir möchten etwas trinken. Sie finden eine volle Flasche von diesem Bourbon im Schrank.»

«Sie ist nur halb voll, Sir», sagte Forbes.

«Halb voll! Komisch! Das heißt, ich habe sie gestern abend aufgemacht und nur ein Gläschen davon getrunken. Das heißt, sie müßte voll sein.»

«Sie ist nur halb voll», wiederholte Forbes und schickte sich an, sie zu holen.

«Ich werde mal der Sache nachgehen müssen», sagte Gregg zu seinem Gast. «Das heißt, es ist in letzter Zeit nicht das erste Mal, daß etwas von meinem guten Zeug verschwindet. Wenn man so viele Diener hält, ist es schwer, lauter ehrliche zu kriegen. Aber da ist Celia!»

Bartlett erhob sich, um die auffallende Brünette zu begrüßen, die in diesem Augenblick eintrat, und zwar so sehr in der Manier von Delsarte, daß es fast peinlich war. Ohne ihm auch nur einen Blick zu schenken, bewegte sie sich geziert durch den Raum auf ihren Gatten zu und war während eines feurigen Kusses nur halb bei der Sache.

«Nun, Liebling», sagte sie, als das endlich vorbei war.

«Das ist Mr Bartlett, Liebling», sagte ihr Mann. «Mr Bartlett, darf ich Sie mit meiner Frau bekanntmachen.»

Bartlett schüttelte die zwei Finger, die ihm seine Gastgeberin entgegenstreckte.

«Freut mich ja so sehr!» antwortete Celia mit einer Stimme, die an Miss Claires Nachahmung von Miss Barrymore erinnerte.

«Mr Bartlett», fuhrt Gregg fort, «arbeitet für ‹Mankind›, Ralph Doanes Magazin. Er ist dabei, über mich – das heißt: über uns – zu schreiben.»

«Nein, sicher über dich», sagte Celia. «Der Öffentlichkeit sind doch die Frauen großer Männer gleichgültig.»

«Ich bin sicher, daß Sie sich täuschen, Mrs Gregg», bemerkte Bartlett höflich. «Wenigstens in diesem Fall. «Sie

worth writing up aside from being a great man's wife."

"I'm afraid you're a flatterer, Mr Bartlett," she returned. "I have been out of the limelight so long that I doubt if anybody remembers me. I'm no longer an artist; merely a happy wife and mother."

"And I claim, sweetheart," said Gregg, "that it takes an artist to be that."

"Oh, no, sweetheart!" said Celia. "Not when they have you for a husband!"

The exchange of hosannahs was interrupted by the arrival of Forbes with the tray.

"Will you take yours straight or in a high-ball?" Gregg inquired of his guest. "Personally I like good whisky straight. I mean mixing it with water spoils the flavor. I mean whisky like this, it seems like a crime to mix it with water."

"I'll have mine straight," said Bartlett, who would have preferred a high-ball.

While the drinks were being prepared, he observed his hostess more closely and thought how much more charming she would be if she had used finesse in improving on nature. Her cheeks, her mouth, her eyes and lashes had been, he guessed, far above the average in beauty before she had begun experimenting with them. And her experiments had been clumsy. She was handsome in spite of her efforts to be handsomer.

"Listen, sweetheart," said her husband. "One of the servants has been helping himself to this Bourbon. I mean it was a full bottle last night and I only had one little drink out of it. And now it's less than half full. Who do you suppose has been at it?"

"How do I know, sweetheart? Maybe the groceryman or the iceman or somebody."

sind es wert, gepriesen zu werden, unabhängig davon, daß Sie die Gattin eines bedeutenden Mannes sind.»

«Leider sind Sie ein Schmeichler, Mr Bartlett», erwiderte sie. «Ich stehe schon so lange außerhalb des Rampenlichts, daß ich zweifle, ob sich jemand meiner erinnert. Ich bin nicht mehr Künstlerin, sondern nur glückliche Ehefrau und Mutter.»

«Und ich, Liebling, mache geltend, daß es einer Künstlerin bedarf, um das zu sein», sagte Gregg.

«Ach nein, Liebling!» sagte Celia. «Nicht, wenn man dich zum Gatten hat!»

Der Austausch von Lobhudeleien wurde dadurch unterbrochen, daß Forbes mit dem Tablett erschien.

«Wünschen Sie den Ihren pur oder mit Soda?» fragte Gregg seinen Gast. «Ich persönlich mag einen guten Whisky pur. Das heißt, das Aroma wird zerstört, wenn man ihn mit Wasser vermischt. Das heißt, es kommt mir wie ein Verbrechen vor, Whisky wie diesen mit Wasser zu vermischen.»

«Ich nehme ihn pur», sagte Bartlett, dem einer mit Soda lieber gewesen wäre.

Während die Getränke zubereitet wurden, beobachtete er seine Gastgeberin genauer und dachte, wieviel bezaubernder sie wäre, hätte sie der Natur nur behutsam nachgeholfen. Ihre Wangen, ihr Mund, ihre Augen und Wimpern waren vermutlich von mehr als überdurchschnittlicher Schönheit gewesen, ehe sie begonnen hatte, mit ihnen herumzuexperimentieren. Und ihre Experimente waren unbeholfen gewesen. Sie sah gut aus trotz ihrer Bemühungen, noch besser auszusehen.

«Hör zu, Liebling», sagte ihr Mann. «Einer von den Dienern hat sich über diesen Bourbon hergemacht. Das heißt, die Flasche war gestern abend noch voll, und ich habe nur ein Gläschen davon getrunken. Und jetzt ist sie weniger als halb voll. Wer, glaubst du, hat sich daran vergriffen?»

«Wie kann ich das wissen, Liebling? Vielleicht der Gemüsehändler oder der Eismann oder sonst jemand.»

"But you and I and Forbes are the only ones that have a key. I mean it was locked up."

"Maybe you forgot to lock it."

"I never do. Well, anyway, Bartlett, here's a go!"

"Doesn't Mrs Gregg indulge?" asked Bartlett.

"Only a cocktail before dinner," said Celia. "Lou objects to me drinking whisky, and I don't like it much anyway."

"I don't object to you drinking whisky, sweetheart. I just object to you drinking to excess. I mean I think it coarsens a woman to drink. I mean it makes them coarse."

"Well, there's no argument, sweetheart. As I say, I don't care whether I have it or not."

"It certainly is great Bourbon!" said Bartlett, smacking his lips and putting his glass back on the tray.

"You bet it is!" Gregg agreed. "I mean you can't buy that kind of stuff any more. I mean it's real stuff. You help yourself when you want another. Mr Bartlett is going to stay all night, sweetheart. I told him he could get a whole lot more of a line on us that way than just interviewing me in the office. I mean I'm tongue-tied when it comes to talking about my work and my success. I mean it's better to see me out here as I am, in my home, with my family. I mean my home life speaks for itself without me saying a word."

"But, sweetheart," said his wife, "what about Mr Latham?"

"Gosh! I forgot all about him! I must phone and see if I can call it off. That's terrible! You see," he explained to Bartlett, "I made a date to go up to Tarrytown tonight, to K.L. Latham's, the sugar people. We're going to talk over the new club. We're going to have a golf club that will make the rest of them look like a toy. I mean

«Aber du und ich und Forbes haben als einzige einen Schlüssel. Das heißt, der Schrank war versperrt.»

«Vielleicht hast du vergessen, ihn abzusperren.»

«Das vergesse ich nie. Na, Bartlett, versuchen Sie ihn jedenfalls!»

«Trinkt Mrs Gregg nicht mit?» fragte Bartlett.

«Nur einen Cocktail vor dem Abendessen», sagte Celia. «Lou ist dagegen, daß ich Whisky trinke, und ich mache mir ohnehin nicht viel daraus.»

«Ich bin nicht dagegen, daß du Whisky trinkst, Liebling. Ich bin bloß dagegen, daß du im Übermaß trinkst. Das heißt: ich denke, daß das Trinken eine Frau vergröbert. Ich meine, es macht sie gröber.»

«Nun, Liebling, das ist kein Thema. Wie gesagt: es ist mir gleich, ob ich ihn trinke oder nicht.»

«Es ist wirklich ein großer Bourbon!» sagte Bartlett, schnalzte mit den Lippen und stellte sein Glas aufs Tablett zurück.

«Das will ich meinen!» pflichtete Gregg bei. «Das heißt, dieses Zeug kann man nicht mehr kaufen. Das heißt, es ist was Echtes. Bedienen Sie sich, wenn Sie noch einen möchten. Mr Bartlett bleibt über Nacht, Liebling. Ich sagte ihm, da könne er viel mehr über uns erfahren, als wenn er mich einfach im Büro befragt. Das heißt, ich bin maulfaul, wenn ich über meine Arbeit und meinen Erfolg reden soll. Das heißt, es ist besser, mich hier zu beobachten, so wie ich bin, zu Hause, in der Familie. Das heißt, mein Zuhause spricht für sich, ohne daß ich ein Wort dazu sage.»

«Aber, Liebling», sagte seine Frau, «was ist mit Mr Latham?»

«Donnerwetter! Den habe ich ganz vergessen! Ich muß anrufen und herauskriegen, ob ich das absagen kann. Das ist schrecklich! Wissen Sie», erklärte er Bartlett, «ich habe mich für heute abend mit der Firma K.L. Latham, den Zuckerleuten, in Tarrytown verabredet. Wir wollen uns mit dem neuen Klub befassen. Wir sind dabei, einen neuen Golfklub zu gründen, der die übrigen wie Kinderspielzeug aussehen läßt. Ich meine, einen richtigen Golfklub! Man

a real golf club! They want me to kind of run it. And I was to go up there tonight and talk it over. I'll phone and see if I can postpone it."

"Oh, don't postpone it on my account!" urged Bartlett. "I can come out again some other time, or I can see you in town."

"I don't see how you *can* postpone it, sweetheart," said Celia. "Didn't he say old Mr King was coming over from White Plains? They'll be mad at you if you don't go."

"I'm afraid they would resent it, sweetheart. Well, I'll tell you. You can entertain Mr Bartlett and I'll go up there right after dinner and come back as soon as I can. And Bartlett and I can talk when I get back. I mean we can talk when I get back. How is that?"

"That suits me," said Bartlett."

"I'll be as entertaining as I can," said Celia, "but I'm afraid that isn't very entertaining. However, if I'm too much of a bore, there's plenty to read."

"No danger of my being bored," said Bartlett.

"Well, that's all fixed then," said the relieved host. "I hope you'll excuse me running away. But I don't see how I can get out of it. I mean with old King coming over from White Plains. I mean he's an old man. But listen sweetheart – where are the kiddies? Mr Bartlett wants to see them."

"Yes, indeed!" agreed the visitor.

"Of course you'd say so!" Celia said. "But we *are* proud of them! I suppose all parents are the same. They all think their own children are the only children in the world. Isn't that so, Mr Bartlett? Or haven't you any children?"

"I'm sorry to say I'm not married."

"Oh, you poor thing! We pity him, don't we, sweetheart? But why aren't you, Mr Bartlett? Don't tell me you're a woman hater!"

will, daß ich ihn sozusagen leite. Und ich sollte heute abend hinauffahren und die Sache durchsprechen. Ich will anrufen und versuchen, ob ich's verschieben kann.»

«Oh, verschieben Sie's nicht meinetwegen!» bat Bartlett dringend. «Ich kann ein andermal wieder herkommen oder ich kann Sie in der Stadt aufsuchen.»

«Ich sehe nicht, wie du es verschieben *kannst*, Liebling», sagte Celia. «Hat er nicht gesagt, der alte Mr King käme aus White Plains herüber? Sie werden wütend auf dich sein, wenn du nicht hingehst.»

«Ja, ich fürchte, sie würden es mir übelnehmen, Liebling. Ich will dir was sagen. Du kannst Mr Bartlett unterhalten, und ich fahre gleich nach dem Essen hin und komme sobald wie möglich zurück. Bartlett und ich können plaudern, wenn ich zurückkomme. Das heißt, wir können plaudern, wenn ich zurückkomme. Was meinen Sie dazu?»

«Ich finde es gut», sagte Bartlett.

«Ich werde so unterhaltsam sein, wie ich nur kann», sagte Celia, «aber leider ist das nicht sehr unterhaltsam. Wenn ich aber zu langweilig bin, ist genug zum Lesen vorhanden.»

«Keine Gefahr, daß ich mich langweilen werde», sagte Bartlett.

«Nun, dann geht alles klar», sagte der Gastgeber erleichtert. «Sie werden hoffentlich entschuldigen, daß ich weggehe. Aber ich weiß nicht, wie ich da herauskann. Ich meine, weil der alte King aus White Plains rüberkommt. Ich meine: der ist ein alter Mann. Doch hör zu, Liebling – wo sind die Kinder? Mr Bartlett möchte sie sehen.»

«Ja, wirklich!» pflichtete der Besucher bei.

«Natürlich sagen Sie das so aus Gewohnheit!» gab Celia zurück. «Aber wir sind *tatsächlich* stolz auf sie. Vermutlich sind alle Eltern gleich. Sie alle meinen, ihre eigenen Kinder seien die einzigen auf der Welt. Ist's nicht so, Mr Bartlett? Oder haben Sie keine Kinder?»

«Leider muß ich sagen, daß ich nicht verheiratet bin.»

«Oh, Sie Armer! Er tut uns leid, nicht wahr, Liebling? Aber warum sind Sie's nicht, Mr Bartlett. Erzählen Sie mir bloß nicht, Sie seien ein Frauenhasser!»

"Not now, anyway," said the gallant Bartlett.

"Do you get that, sweetheart? He's paying you a pretty compliment."

"I heard it, sweetheart. And now I'm sure he's a flatterer. But I must hurry and get the children before Hortense puts them to bed."

"Well," said Gregg when his wife had left the room, "would you say she's changed?"

"A little, and for the better. She's more than fulfilled her early promise."

"I think so," said Gregg. "I mean I think she was a beautiful girl and now she's an even more beautiful woman. I mean wifehood and maternity have given her a kind of a – well, you know – I mean a kind of a pose. I mean a pose. How about another drink?"

They were emptying their glasses when Celia returned with two of her little girls.

"The baby's in bed and I was afraid to ask Hortense to get her up again. But you'll see her in the morning. This ist Norma and this is Grace. Girls, this is Mr Bartlett."

The girls received this news calmly.

"Well, girls," said Bartlett.

"What do you think of them, Bartlett?" demanded their father. "I mean what do you think of them?"

"They're great!" replied the guest with creditable warmth.

"I mean aren't they pretty?"

"I should say they are!"

"There, girls! Why don't you thank Mr Bartlett?"

"Thanks," murmured Norma.

"How old are you, Norma?" asked Bartlett.

"Six," said Norma.

"Well," said Bartlett. "And how old is Grace?"

"Four," replied Norma.

«Im Moment gerade nicht», sagte Bartlett höflich.

«Merkst du's, Liebling? Er macht dir ein recht artiges Kompliment.»

«Ich hab's gehört, Liebling. Und weiß jetzt bestimmt, daß er ein Schmeichler ist. Aber ich muß mich beeilen und die Kinder holen, ehe Hortense sie zu Bett bringt.»

«Na», sagte Gregg, als seine Frau den Raum verlassen hatte, «würden Sie sagen, daß sie sich verändert hat?»

«Ein wenig, und zum Besseren. Sie hat die frühe Hoffnung, die sie weckte, mehr als erfüllt.»

«Das glaube ich auch», sagte Gregg. «Ich möchte meinen, daß sie ein schönes Mädchen war und jetzt sogar eine noch schönere Frau ist. Das heißt, Ehestand und Mutterglück haben ihr so etwas wie – nun ja – ich meine so etwas wie Haltung gegeben. Das heißt: eine Haltung. Wie wär's mit noch einem Glas?»

Sie tranken gerade aus, als Celia mit zweien ihrer kleinen Mädchen zurückkam.

«Das Baby liegt im Bett, und ich scheute mich, Hortense zu bitten, es wieder herauszuholen. Aber Sie werden es am Morgen sehen. Das ist Norma, und das ist Grace. Kinder, das ist Mr Bartlett.»

Die Mädchen nahmen diese Neuigkeit gelassen zur Kenntnis.

«Na, Kinder», sagte Bartlett.

«Wie finden Sie sie, Bartlett?» fragte ihr Vater. «Ich meine, wie finden Sie sie?»

«Sie sind großartig!» erwiderte der Gast mit überzeugender Herzlichkeit.

«Ich will sagen: sind sie nicht hübsch?»

«Allerdings!»

«Da habt ihr's, Kinder! Warum bedankt ihr euch nicht bei Mr Bartlett?»

«Danke», murmelte Norma.

«Wie alt bis du, Norma?» fragte Bartlett.

«Sechs», antwortete sie.

«Gut», fragte er, «und wie alt ist Grace?»

«Vier», erwiderte Norma.

"Well," said Bartlett. "And how old is baby sister?"

"One and a half," answered Norma.

"Well," said Bartlett.

As this seemed to be final, "Come, girls," said their mother. "Kiss daddy good night and I'll take you back to Hortense."

"I'll take them," said Gregg. "I'm going upstairs anyway. And you can show Bartlett around. I mean before it gets any darker."

"Good night, girls," said Bartlett, and the children murmured a good night.

"I'll come and see you before you're asleep," Celia told them. And after Gregg had led them out, "Do you really think they're pretty?" she asked Bartlett.

"I certainly do. Especially Norma. She's the image of you," said Bartlett.

"She looks a little like I used to," Celia admitted. "But I hope she doesn't look like me now. I'm too old looking."

"You look remarkably young!" said Bartlett. "No one would believe you were the mother of three children."

"Oh, Mr Bartlett! But I mustn't forget I'm to 'show you around.' Lou is so proud of our home!"

"And with reason," said Bartlett.

"It *is* wonderful! I call it our love nest. Quite a big nest, don't you think? Mother says it's too big to be cosy; she says she can't think of it as a home. But I always say a place is whatever one makes of it. A woman can be happy in a tent if they love each other. And miserable in a royal palace without love. Don't you think so, Mr Bartlett?"

"Yes, indeed."

"Is this really such wonderful Bourbon? I

«Gut», sagte Bartlett, «und wie alt ist euer jüngstes Schwesterchen?»

«Eineinhalb», antwortete Norma.

«Gut», sagte Bartlett.

Da dies das letzte Wort zu sein schien, sagte die Mutter: «Kommt Kinder! Gebt Vati einen Gute-Nacht-Kuß, und ich bringe euch gleich zu Hortense zurück.»

«Das übernehme ich», sagte Gregg. «Ich gehe jetzt ohnehin nach oben. Und du kannst Bartlett das Haus zeigen. Ich meine, ehe es noch dunkler wird.»

«Gute Nacht, Mädchen!» sagte Bartlett, und die Kinder murmelten Gute Nacht.

«Ich komme noch zu euch, bevor ihr einschlaft», sagte Celia. Und nachdem Gregg mit den Kindern hinausgegangen war, fragte sie Bartlett: «Finden Sie wirklich, daß sie hübsch sind?»

«Gewiß. Besonders Norma. Sie ist ganz und gar die Mama», sagte Bartlett.

«Sie sieht ein bißchen aus wie ich seinerzeit», gab Celia zu. «Aber ich hoffe, sie sieht nicht aus wie ich jetzt. Ich sehe zu alt aus.»

«Sie sehen bemerkenswert jung aus!» sagte Bartlett. «Niemand würde glauben, daß Sie Mutter von drei Kindern sind.»

«Oh, Mr Bartlett! Aber ich darf nun ja nicht vergessen, ‹Ihnen das Haus zu zeigen.› Lou ist auf unser Zuhause so stolz!»

«Und mit Recht!» sagte Bartlett.

«Es ist wirklich wunderschön. Ich nenne es unser Liebesnest. Ein ziemlich großes Nest, finden Sie nicht? Meine Mutter sagt, es sei zu groß, um gemütlich zu sein; sie behauptet, sie könne sich's als Heim nicht vorstellen. Doch ich sage immer: Ein Haus ist, was man daraus macht. Eine Frau kann in einem Zelt glücklich sein, wenn sich beide lieben. Und unglücklich in einem Königspalast ohne Liebe. Meinen Sie nicht auch, Mr Bartlett?»

«Ja, wirklich.»

«Ist das tatsächlich so ein ausgezeichneter Bourbon? Ich

think I'll just take a sip of it and see what it's like. It can't hurt me if it's so good. Do you think so, Mr Bartlett?"

"I don't believe so."

"Well then, I'm going to taste it and if it hurts me it's your fault."

Celia poured a whisky glass two-thirds full and drained it at a gulp.

"It *is* good, isn't it?" she said. "Of course I'm not much of a judge as I don't care for whisky and Lou won't let me drink it. But he's raved so about this Bourbon that I did want to see what it was like. You won't tell on me, will you, Mr Bartlett?"

"Not I!"

"I wonder how it would be in a high-ball. Let's you and I have just one. But I'm forgetting I'm supposed to show you the place. We won't have time to drink a high-ball and see the place too before Lou comes down. Are you so crazy to see the place?"

"Not very."

"Well, then, what do you say if we have a high-ball? And it'll be a secret between you and I."

They drank in silence and Celia pressed a button by the door.

"You may take the bottle and tray," she told Forbes. "And now," she said to Bartlett, "we'll go out on the porch and see as much as we can see. You'll have to guess the rest."

Gregg, having changed his shirt and collar, joined them.

"Well," he said to Bartlett, "have you seen everything?"

"I guess I have, Mr Gregg," lied the guest readily. "It's a wonderful place!"

"We like it. I mean it suits us. I mean it's my

glaube, ich nehme bloß mal ein Schlückchen, um festzustellen, wie er schmeckt. Er kann mir doch nicht schaden, wenn er so gut ist. Oder, Mr Bartlett?»

«Ich glaube nicht.»

«Nun denn, ich will ihn versuchen, und wenn er mir schadet, ist es Ihre Schuld.»

Celia goß sich ein Whiskyglas zu zwei Dritteln voll und kippte es auf einen Zug hinunter.

«Er ist *wirklich* gut, nicht wahr?» sagte sie. «Natürlich verstehe ich davon nicht sehr viel, da ich mir aus Whisky nichts mache und Lou mich keinen trinken lassen will. Aber er ist so scharf auf diesen Bourbon, daß ich tatsächlich sehen wollte, wie er schmeckt. Sie werden mich doch nicht verraten, Mr Bartlett, oder?»

«Aber nein!»

«Ich möchte gern wissen, wie er mit Soda schmeckt. Trinken wir doch einen, Sie und ich! Aber ich vergesse ja, daß ich Ihnen das Haus zeigen soll. Wir haben nicht die Zeit, einen Whisky mit Soda zu trinken und auch noch das Haus zu besichtigen, ehe Lou herunterkommt. Sind Sie so versessen darauf, es anzuschauen?»

«Nicht besonders.»

«Nun, was sagen Sie dann zu einem Whisky mit Soda für uns beide? Und das wird ein Geheimnis sein zwischen Ihnen und mir.»

Sie tranken schweigsam, und Celia drückte auf einen Knopf neben der Tür.

«Sie können Flasche und Tablett abtragen», wies sie Forbes an. «Und nun», sagte sie zu Bartlett, «wollen wir auf die Veranda hinausgehen und soviel anschauen wie wir können. Das übrige werden Sie erraten müssen.»

Nachdem Gregg Hemd und Kragen gewechselt hatte, stieß er zu ihnen.

«Na», sagte er, an Bartlett gewandt, «haben Sie alles gesehen?»

«Ich nehme an, ja, Mr Gregg», log der Gast ohne Zögern. «Es ist ein herrlicher Wohnsitz.»

«Wir lieben ihn. Ich meine, er paßt zu uns. Das heißt,

idea of a real home. And Celia calls it her love nest."

"So she told me," said Bartlett.

"She'll always be sentimental," said her husband.

He put his hand on her shoulder, but she drew away.

"I must run up and dress," she said.

"Dress!" exclaimed Bartlett, who had been dazzled by her flowered green chiffon.

"Oh, I'm not going to really dress," she said. "But I couldn't wear this thing for dinner!"

"Perhaps you'd like to clean up a little, Bartlett," said Gregg. "I mean Forbes will show you your room if you want to go up."

"It might be best," said Bartlett.

Celia, in a black lace dinner gown, was rather quiet during the elaborate meal. Three or four times when Gregg addressed her, she seemed to be thinking of something else and had to ask, "What did you say, sweetheart?" Her face was red and Bartlett imagined that she had "sneaked" a drink or two besides the two helpings of Bourbon and the cocktail that had preceded dinner.

"Well, I'll leave you," said Gregg when they were in the living-room once more. "I mean the sooner I get started, the sooner I'll be back. Sweetheart, try and keep your guest awake and don't let him die of thirst. *Au revoir*; Bartlett. I'm sorry, but it can't be helped. There's a fresh bottle of the Bourbon, so go to it. I mean help yourself. It's too bad you have to drink alone."

"It *is* too bad, Mr Bartlett," said Celia when Gregg had gone.

"What's too bad?" asked Bartlett.

"That you have to drink alone. I feel like I wasn't being a good hostess to let you do it. In

er entspricht meiner Vorstellung von einem wirklichen Zuhause. Und Celia nennt ihn ihr Liebesnest.»

«Das hat sie mir erzählt», sagte Bartlett.

«Sie hat immer eine Neigung zum Überschwang», sagte ihr Gatte.

Er legte ihr die Hand auf die Schulter, aber sie wehrte ab.

«Ich muß rasch hinauf und mich anziehen», sagte sie.

«Anziehen!» rief Bartlett aus, dem es ihr geblümtes grünes Chiffonkleid ungeheuer angetan hatte.

«Oh, ich will mich nicht wirklich ankleiden», sagte sie. «Aber dieses Ding da könnte ich zum Abendessen nicht tragen.»

«Vielleicht möchten Sie sich ein bißchen frisch machen, Bartlett», sagte Gregg. «Forbes soll Ihnen Ihr Zimmer zeigen, wenn Sie nach oben gehen wollen.»

«Es wäre vielleicht das beste», antwortete Bartlett.

Celia, in einem schwarzen Abendkleid mit Spitzen, war während des erlesenen Mahls ziemlich schweigsam. Drei- oder viermal schien sie, wenn Gregg sich an sie wandte, an etwas anderes zu denken und mußte fragen: «Was hast du gesagt, Schatz?» Ihr Gesicht war gerötet, und Bartlett hatte das Gefühl, sie habe außer den beiden Bourbon und dem Cocktail vor dem Abendessen noch ein, zwei Glas «gemaust».

«Nun, ich lasse euch allein», sagte Gregg, als sie wieder im Wohnzimmer waren. «Ich meine: je schneller ich aufbreche, umso eher bin ich zurück. Schatz, versuche, deinen Gast wach zu halten und laß ihn nicht verdursten. *Au revoir*, Bartlett. Tut mir leid, es läßt sich aber nicht ändern. Hier ist eine neue Flasche von dem Bourbon, halten Sie sich also an die! Das heißt: bedienen Sie sich! Es ist ein Jammer, daß Sie alleine trinken müssen.»

«Es ist wirklich zu schade, Mr Bartlett», sagte Celia, als Gregg gegangen war.

«Was ist zu schade?» fragte Bartlett.

«Daß Sie alleine trinken müssen. Ich komme mir vor, als wäre ich keine gute Gastgeberin, wenn ich Sie allein trin-

fact, I refuse to let you do it. I'll join you in just a little wee sip."

"But it's so soon after dinner!"

"It's never too soon! I'm going to have a drink myself and if you don't join me, you're a quitter."

She mixed two life-sized high-balls and handed one to her guest.

"Now we'll turn on the radio and see if we can't stir things up. There! No, No! Who cares about the old baseball! Now! This is better! Let's dance."

"Im sorry, Mrs Gregg, but I don't dance."

"Well, you're an old cheese! To make me dance alone! 'All alone, yes, I'm all alone.'"

There was no affectation in her voice now and Bartlett was amazed at her unlabored grace as she glided around the big room.

"But it's no fun alone," she complained. "Let's shut the damn thing off and talk."

"I love to watch you dance," said Bartlett.

"Yes, but I'm no Pavlowa," said Celia as she silenced the radio. "And besides, it's time for a drink."

"I've still got more than half of mine."

"Well, you had that wine at dinner, so I'll have to catch up with you."

She poured herself another high-ball and went at the task of "catching up".

"The trouble with you, Mr – now isn't that a scream! I can't think of your name."

"Bartlett."

"The trouble with you, Barker-do you know what's the trouble with you? You're too sober, See? You're too damn sober! That's the whole trouble, see? If you weren't so sober, we'd be better off. See? What I can't understand is how you can be so sober and me so high."

ken lasse. Ich weigere mich in der Tat, Sie das tun zu lassen. Ich werde mich mit einem ganz winzigen Schlückchen beteiligen.»

«Aber wir haben ja erst zu Abend gegessen!»

«Es ist nie zu früh! Ich will jetzt selber ein Glas trinken, und wenn Sie mir nicht Gesellschaft leisten, sind Sie ein Drückeberger.»

Sie mixte zwei ansehnliche Whisky mit Soda und reichte einen ihrem Gast.

«Nun schalten wir das Radio ein und wollen sehen, ob wir nicht in Schwung kommen. Da! Nein, nein! Wen kümmert denn das olle Baseball! Jetzt! Das ist besser! Tanzen wir!»

«Tut mir leid, Mrs Gregg, aber ich tanze nicht.»

«Nun, Sie sind ein alter Muffel! Mich alleine tanzen zu lassen! ‹Ganz allein, ja, ich bin ganz allein.›»

In ihrer Stimme schwang jetzt keine Verstellung mit, und Bartlett war überrascht von der ungezwungenen Anmut, mit der sie durch den großen Raum glitt.

«Aber allein macht es keinen Spaß», beklagte sie sich. «Schalten wir das verdammte Ding aus und plaudern wir!»

«Ich sehe Sie gern tanzen», sagte Bartlett.

«Ja, aber ich bin keine Pawlowa», sagte Celia, während sie das Radio ausmachte. «Und außerdem ist es Zeit für ein Glas.»

«Ich habe noch über die Hälfte vom meinigen.»

«Nun, Sie haben zum Essen Wein gehabt; deshalb muß ich mit Ihnen gleichziehen.»

Sie schenkte sich noch einen Whisky mit Soda ein und machte sich an die Aufgabe, ‹gleichzuziehen›.

«Das Mißliche an Ihnen, Mr – ist das jetzt nicht zum Schreien! Mir fällt Ihr Name nicht ein.»

«Bartlett.»

«Das Mißliche an Ihnen, Barker – wissen Sie, was das Mißliche an Ihnen ist? Sie sind zu nüchtern. Verstehen Sie? Sie sind pff! zu nüchtern. Das ist der ganze Pferdefuß, verstehen sie? Wenn Sie nicht so nüchtern wären, ginge es uns besser. Ja? Was ich nicht begreifen kann: Wie können Sie so nüchtern sein und ich so beschwipst?»

"You're not used to it."

"Not used to it! That's the cat's pajamas! Say, I'm like this half the time, see? If I wasn't, I'd die!"

"What does your husband say?"

"He don't say because he don't know. See, Barker? There's nights when he's out and there's nights when I'm out myself. And there's other nights when we're both in and I pretend I'm sleepy and I go up-stairs. See? But I don't go to bed. See? I have a little party all by myself. See? If I didn't, I'd die!"

"What do you mean, you'd die?"

"You're dumb, Barker! You may be sober, but you're dumb! Did you fall for all that apple sauce about the happy home and the contented wife! Listen, Barker — I'd give anything in the world to be out of this mess. I'd give anything to never see him again."

"Don't you love him any more? Doesn't he love you? Or what?"

"Love! I never did love him! I didn't know what love was! And all his love is for himself!"

"How did you happen to get married?"

"I was a kid; that's the answer. A kid and ambitious. See? He was a director then and he got stuck on me and I thought he'd make me a star. See, Barker? I married him to get myself a chance. And now look at me!"

"I'd say you were fairly well off."

"Well off, am I? I'd change places with the scum of the earth just to be free. See, Barker? And I could have been a star without any help if I'd only realized it.

I had the looks and I had the talent. I've got it yet. I could be a Swanson and get myself a marquis; maybe a prince! And look what I did get! A self-satisfied, self-cen-

«Sie sind nicht daran gewöhnt.»

«Nicht daran gewöhnt! Das ist vortrefflich. Hören Sie, ich bin die Hälfte der Zeit so, verstehen Sie? Wäre ich's nicht, käme ich um!»

«Was sagt Ihr Gatte dazu?»

«Er sagt nichts, weil er es nicht merkt. Verstehen Sie, Barker? Es gibt Abende, da ist er weg, und es gibt Abende, da bin ich selber weg. Und es gibt andere Abende, da sind wir beide zu Hause, und ich behaupte, ich wäre müde und gehe nach oben. Verstehen Sie? Aber ich gehe nicht zu Bett. Verstehen Sie? Ich gebe für mich ganz allein eine Party. Verstehen Sie? Hätte ich das nicht, käme ich um.»

«Was meinen Sie damit: Sie kämen um?»

«Sie sind doof, Barker! Sie sind vielleicht nüchtern, aber Sie sind doof! Sind Sie auf den ganzen Quatsch vom glücklichen Zuhause und der zufriedenen Gattin hereingefallen? Hören Sie zu, Barker – ich gäbe alles in der Welt darum, aus dieser Zwickmühle herauszukommen. Ich gäbe alles dafür, ihn nie mehr zu sehen.»

«Lieben Sie ihn denn nicht mehr? Liebt er Sie nicht? Oder was?»

«Lieben! Ich habe ihn doch nie geliebt! Ich wußte nicht, was Liebe ist. Und er liebt nur sich selbst.»

«Und wie ist es zu Ihrer Heirat gekommen?»

«Ich war ein Kind; das ist die Antwort. Ein Kind, und ehrgeizig. Verstehen Sie? Er war damals Direktor und vernarrt in mich; ich glaubte, er würde mich zu einem Star machen. Verstehen Sie, Barker? Ich heiratete ihn, um eine Chance zu bekommen. Und schauen Sie mich jetzt an!»

«Ich würde sagen, Sie sind recht gut dran.»

«Gut dran, ja? Ich würde mit dem Abschaum der Erde tauschen, bloß um frei zu sein. Verstehen Sie, Barker? Und ich hätte ohne alle Hilfe ein Star werden können, wenn ich es nur erkannt hätte. Ich hatte das Aussehen und die Begabung. Das habe ich noch immer. Ich könnte eine Swanson sein und einen Marquis kriegen, vielleicht einen Fürsten! Und schauen Sie, was ich gekriegt habe! Einen selbstzufriedenen, selbstsüchtigen. . .! Ich habe gedacht, er würde

tred —! I thought he'd *make* me! See, Barker? Well, he's made me all right; he's made me a chronic mother and it's a wonder I've got any looks left.

"I fought at first. I told him marriage didn't mean giving up my art, my life work. But it was no use. He wanted a beautiful wife and beautiful children for his beautiful home. Just to show us off. See? I'm part of his chattels.

See, Barker? I'm just like his big diamond or his cars or his horses. And he wouldn't stand for his wife 'lowering' herself to act in pictures. Just as if pictures hadn't made him!

"You go back to your magazine tomorrow and write about our love nest. See, Barker, And be sure and don't get mixed and call it a baby ranch. Babies! You thought little Norma was pretty. Well, she is.

And what is it going to get her? A rich — of a husband that treats her like a —! That's what it'll get her if I don't interfere. I hope I don't last long enough to see her grow up, but if I do, I'm going to advise her to run away from home and live her own life. And *be* somebody! Not a *thing* like I am! See, Barker?"

"Did you ever think of a divorce?"

"Did I ever think of one! Listen – but there's no chance. I've got nothing on him, and no matter what he had on me, he'd never let the world know it. He'd keep me here and torture me like he does now, only worse. But I haven't done anything wrong, see? The men I might care for, they're all scared of him and his money and power. See, Barker? And the others are just as bad as him. Like fat old Morris, the hotel man, that everybody thinks he's a model husband. The reason he don't step out more is be-

etwas aus mir machen. Verstehen Sie, Barker? Nun, er hat ja etwas aus mir gemacht. Er hat mich ständig zur Mutter gemacht, und es ist ein Wunder, daß mir von meinem Aussehen überhaupt etwas geblieben ist.»

«Zuerst kämpfte ich. Ich sagte ihm, die Heirat bedeute nicht, daß ich meine Kunst, mein Lebenswerk aufgebe. Aber es war zwecklos. Er wollte eine schöne Frau und schöne Kinder für sein schönes Heim. Bloß um uns zur Schau zu stellen. Verstehen Sie? Ich bin Teil seines Viehbestands. Verstehen Sie, Barker? Ich bin dasselbe für ihn wie sein großer Diamant, seine Autos oder seine Pferde. Und er würde es nicht dulden, daß seine Frau sich ‹herabläßt›, in Filmen zu spielen. Als ob nicht Filme ihm zum Erfolg verholfen hätten!»

«Sie kehren morgen zu Ihrer Zeitschrift zurück und schreiben über unser Liebesnest. Verstehen Sie, Barker? Und bringen Sie bloß nichts durcheinander und nennen Sie es nicht Babyfarm. Babys! Sie fanden die kleine Norma hübsch. Nun, sie ist's. Und was wird es ihr einbringen? Einen reichen... von einem Mann, der sie wie eine... behandelt! Das wird es ihr einbringen, wenn ich mich nicht einschalte. Hoffentlich werde ich nicht so alt, daß ich sie aufwachsen sehe, aber wenn – dann werde ich ihr raten, von daheim wegzulaufen und ihr eigenes Leben zu leben. Und jemand zu *sein*! Nicht eine *Sache*, wie ich's bin! Verstehen Sie, Barker?»

«Haben Sie je an Scheidung gedacht?»

«Ob ich je daran dachte! Hören Sie – da besteht doch keine Aussicht. Ich habe nichts Belastendes über ihn, und ganz gleich, was er über mich hätte, – er würde es die Welt nie wissen lassen. Er würde mich hier behalten und quälen wie jetzt, nur ärger. Aber ich habe nichts Unrechtes getan, verstehen Sie? Die Männer, an denen mir vielleicht läge, haben alle Angst vor ihm, seinem Geld, seiner Macht. Verstehen Sie, Barker? Und die anderen sind genau so schlimm wie er. Wie der fette alte Morris, der Hotelmensch, den jeder für einen Mustergatten hält. Der Grund, warum er sich nicht öfter ein schönes Leben macht: er ist zu knau-

cause he's too stingy. But I have him if I wanted him. Every time he gets near enough to me, he squeezes my hand. I guess he thinks it's a nickel, the tight old —! But come on, Barker. Let's have a drink. I'm running down."

"I think it's about time you were running up – upstairs," said Bartlett. "If I were you, I'd try to be in bed and asleep when Gregg gets home."

"You're all right, Barker. And after this drink I'm going to do just as you say. Only I thought of it before you did, see? I think of it lots of nights. And tonight you can help me out by telling him I had a bad headache."

Left alone, Bartlett thought a while, then read, and finally dozed off. He was dozing when Gregg returned.

"Well, well, Bartlett," said the great man, "did Celia desert you?"

"It was perfectly all right, Mr Gregg. She had a headache and I told her to go to bed."

"She's had a lot of headaches lately; reads too much, I guess. Well, I'm sorry I had this date. It was about a new golf club and I had to be there. I mean I'm going to be president of it. I see you consoled yourself with some of the Bourbon. I mean the bottle doesn't look as full as it did.

"I hope you'll forgive me for helping myself so generously," said Bartlett. "I don't get stuff like that every day!"

"Well, what do you say if we turn in? We can talk on the way to town tomorrow. Though I guess you won't have much to ask me. I guess you know all about us. I mean you know all about us now."

"Yes, indeed, Mr Gregg. I've got plenty of material if I can just handle it."

Celia had not put in an appearance when Gregg

serig. Aber wenn ich wollte, könnte ich ihn reinlegen. Jedesmal wenn er mir nahe kommt, drückt er mir die Hand. Vermutlich hält er sie für ein Fünfcentstück, der filzige alte...! Aber los, Barker! Trinken wir! Ich werde müde.»

«Ich glaube, es ist an der Zeit, daß Sie hinaufgehen – nach oben», sagte Bartlett. «An Ihrer Stelle würde ich versuchen, im Bett zu sein und zu schlafen, wenn Gregg nach Hause kommt.»

«Sie haben ganz recht, Barker. Und nach diesem Glas werde ich genau das tun, was Sie raten. Nur habe ich schon vor Ihnen daran gedacht, wissen Sie? Ich denke in vielen Nächten daran. Und heute abend können Sie mir aus der Patsche helfen, indem Sie ihm sagen, ich hätte arge Kopfschmerzen gehabt.»

Nachdem Bartlett allein war, dachte er eine Zeitlang nach, dann las er und nickte schließlich ein. Er döste, als Gregg zurückkam.

«Na, na, Bartlett», sagte der bedeutende Mann, «hat Celia Sie im Stich gelassen?»

«Das war ganz in Ordnung so, Mr Gregg. Sie hatte Kopfschmerzen, und ich riet ihr, zu Bett zu gehen.»

«In letzter Zeit hat sie viel Kopfschmerzen; liest wahrscheinlich zu viel. Nun, leider hatte ich diese Verabredung. Es ging um einen neuen Golfklub und ich mußte dort sein. Das heißt: ich werde dessen Präsident. Ich sehe, daß Sie sich mit diesem Bourbon getröstet haben. Das heißt: die Flasche scheint nicht mehr so voll zu sein wie zuvor.»

«Hoffentlich sehen Sie mir nach, daß ich mich so großzügig bedient habe», sagte Bartlett. «Solchen Stoff kriege ich nicht jeden Tag!»

«Nun, was sagen Sie dazu, wenn wir schlafen gehen? Wir können ja morgen auf dem Weg zur Stadt plaudern. Obwohl Sie mich wahrscheinlich nicht viel zu fragen haben werden. Vermutlich wissen Sie alles über uns. Das heißt: Sie wissen jetzt alles über uns.»

«Ja, wahrhaftig, Mr Gregg. Ich habe eine Menge Material; wenn ich es nur bewältigen kann.»

Celia kam gar nicht zum Vorschein, als Gregg und sein

and his guest were ready to leave the house next day.

"She always sleeps late," said Gregg. "I mean she never wakes up very early. But she's later than usual this morning. Sweetheart!" he called up the stairs.

"Yes, sweetheart," came the reply.

"Mr Bartlett's leaving now. I mean he's going."

"Oh, good-by, Mr Bartlett. Please forgive me for not being down to see you off."

"You're forgiven, Mrs Gregg. And thanks for your hospitality."

"Good-by, sweetheart!"

"Good-by, sweetheart!"

Gast sich am nächsten Morgen fertigmachten, um das Haus zu verlassen.

«Sie schläft immer lang», sagte Gregg. «Das heißt, sie wacht nie sehr früh auf. Aber heute morgen ist sie noch später dran als sonst. Liebling!» rief er die Treppe hinauf.

«Ja, Liebling», kam die Antwort.

«Mr Bartlett bricht jetzt auf. Das heißt, er fährt jetzt ab.»

«Oh, leben Sie wohl, Mr Bartlett! Entschuldigen Sie bitte, daß ich nicht unten bin, um Sie zu verabschieden.»

«Sie sind entschuldigt, Mrs Gregg. Und besten Dank für Ihre Gastfreundschaft!»

«Leb wohl, Schatz!»

«Leb wohl, Schatz!»

Sidney Carroll: A Note for the Milkman

I sat in the parlor and waited until my wife was deeply and firmly in bed. I waited until I could hear the sound of her snoring, so rhythmic and so blissful. To myself I counted ten, as I always do when my heart is pounding. Then I got up from my casual chair and went into the kitchen.

Four little packets of white powder I took from my vest pocket while I hummed a happy song. There was no need for silence. Once my wife would bluster her way into slumberland nothing in the world could awaken her – except, perhaps, a dinner bell. I placed the little packets of powder side by side on the kitchen table. From another pocket I extracted the piece of paper from which I had copied my instructions.

For the hundredth time, with my head slightly to one side, my chin cupped in my free hand (it *is* a kittenish pose for a small man, I admit – but I can't help it) I read the words I had copied from the old book:

"This Essence, impervious to Heat, Ray of Sun, Ravage of Life or Time, can be devis'd, if with a true Deliberation, if the steps hereunto affix'd, are follow'd with a Physik's care. . ."

That part I knew by heart, as indeed I knew most of what followed. But I am an academic man. For the hundredth time I read every word on the paper, every step of the way:

". . . utterly clean Vials and Flaggons are the first Necessity. . ."

Then I, who had gone over these motions time and time again in my mind's eye, finally went to work with my fingers.

I took bottles and glasses and two spoons. I

Eine Nachricht für den Milchmann

Ich saß im Wohnzimmer und wartete, bis meine Frau tief und fest eingeschlafen war. Ich wartete, bis ich ihr rhythmisches, ihr wonnevolles Schnarchen hören konnte. Wie immer, wenn mein Herz hämmert, zählte ich bis zehn. Dann erhob ich mich von meinem wackeligen Stuhl und ging in die Küche.

Während ich ein fröhliches Lied summte, entnahm ich meiner Westentasche vier Päckchen weißen Pulvers. Es bestand keine Notwendigkeit, leise zu sein. Sobald sich meine Frau ohrenfällig ins Schlummerland aufgemacht hatte, konnte sie durch nichts auf der Welt geweckt werden – außer, vielleicht, von einer Tischglocke. Ich legte die Pulverpäckchen nebeneinander auf den Küchentisch. Aus einer anderen Tasche zog ich das Stück Papier, von dem ich meine Anweisungen abgeschrieben hatte.

Zum hundertsten Mal las ich, den Kopf leicht zur Seite geneigt und das Kinn in die freie Hand gestützt (es ist, das gebe ich zu, für einen kleingewachsenen Mann *in der Tat* eine kokette Pose – aber ich kann's nicht ändern), die Worte, die ich aus dem alten Buch abgeschrieben hatte:

«Diese Essenz, die der Hitze, dem Sonnenstrahl, dem Zahn der Zeit widersteht, kann hergestellt werden, wenn mit wirklicher Überlegung die hierzu angegebenen Schritte mit der Sorgfalt eines Arztes befolgt werden...»

Diesen Teil kannte ich auswendig, so wie ich ja auch das meiste von dem kannte, was folgte. Aber ich bin ein wissenschaftlicher Mensch. Zum hundertsten Mal las ich jedes Wort auf dem Papier, jeden Schritt des Vorgehens:

«... als erstes sind peinlich saubere Ampullen und Flaschen vonnöten...»

Nachdem ich diese Schritte immer wieder vor meinem geistigen Auge vollzogen hatte, machte ich mich dann schließlich an die manuelle Arbeit.

Ich nahm Flaschen, Gläser und zwei Löffel. Ich nahm drei

took three test tubes I had purchased the week before at the Five and Ten. I cleaned all of these under the hottest water from the tap. I rinsed them over and over again and wiped them ferociously with a fresh towel. I held them under the naked light bulb overhead, wiped them again, held them under the light bulb again, wiped them until they dazzled. I have a slightly myopic eye, but when I was through cleaning those bottles and glasses they dazzled.

I took my white powders next, and my instructions, and I mixed the powders one with the other, and then over again with each other. In a brand-new saucepan I had hidden for weeks at the back of one of the top shelves in the kitchen cabinet I cooked liquids made from the powders. I let the liquids simmer and cool and I poured them one into the other. I have steady hands. Only my eyes blinked needlessly and a tear would shimmy in the corner of the left one from time to time. An occupational disease. I dispose of these tears easily enough: I flick my head sharply; the tear is torn from the eye. You might say I have learned to expectorate with my eye. You might say it if you thought about it long enough.

Anyway:

I hummed my little song and I had certain little thoughts while I worked.

I was thinking of the time I had poisoned the pigeons in the park.

Why had I never been caught?, I asked myself, to tease myself. Of course I had the answer. Simple answer – so simple. I had never been caught because they could never guess where I would strike next. I had spread corn in an uptown park on a Monday morning. On Monday evening there were pictures in the papers of the scores

Teströhrchen, die ich die Woche zuvor im Billigmarkt gekauft hatte. All das reinigte ich unter dem heißesten Leitungswasser. Ich spülte die Sachen immer wieder und rieb sie kräftig mit einem frischen Geschirrtuch trocken, hielt sie unter das Licht der nackten Glühbirne über mir, rieb sie abermals,

        hielt sie wieder unter die Glühbirne und rieb sie ein weiteres Mal, bis sie spiegelten. Ich bin leicht kurzsichtig, doch als ich mit dem Reinigen dieser Flaschen und Gläser fertig war, blitzten sie.

Als nächstes nahm ich meine weißen Pülverchen – auch meine Gebrauchsanweisung –, vermischte zwei von ihnen und mixte dann jedes mit den beiden anderen. In einer nagelneuen Pfanne, die ich wochenlang im rückwärtigen Teil eines der obersten Fächer des Küchenschranks versteckt hatte, bereitete ich aus den Pülverchen Flüssigkeiten. Ich ließ die Flüssigkeiten auf kleiner Flamme kochen und goß sie ineinander.

        Ich habe ruhige Hände. Nur meine Augen blinzelten unnötig, und von Zeit zu Zeit wippte eine Träne im Winkel meines linken Auges. Eine Berufskrankheit. Mit diesen Tränen werde ich ziemlich leicht fertig: ich schnelle jäh den Kopf zur Seite, und die Träne fliegt aus dem Auge. Man könnte sagen, ich hätte gelernt, mit dem Auge zu spucken. Man könnte es sagen, wenn man lange genug darüber nachdächte.

Jedenfalls:

Ich summte mein Liedchen, und während meiner Arbeit gingen mir gewisse niedliche Gedanken im Kopf herum.

Ich dachte an die Zeit, da ich im Park Tauben vergiftet hatte.

Warum war ich nie erwischt worden? Das fragte ich mich selber, um mich auf die Schippe zu nehmen. Natürlich kannte ich die Antwort. Eine einfache, ach so einfache Antwort! Ich war nie erwischt worden, weil man nie erraten konnte, wo ich beim nächsten Mal zuschlagen würde. In einem Park der Oberstadt hatte ich an einem Montagmorgen Korn ausgestreut. Am Montagabend gab es in den Zeitungen Bil-

of dead pigeons, like bodies on a beachhead. On Tuesday morning I would scatter peanuts in front of the library downtown, and that evening there would be more pictures of dead pigeons . . . downtown.

And what could the police do? How can the infantry know where the General is going to strike next? I had deployed, thrust, parried – tantalized them with my hitting and running. How could they capture such an enemy? When you leave tracks going in one direction they can follow you. But when one footprint falls here today, another ten miles away tomorrow, and on the third day the track falls behind your back, how can you follow – how can anybody follow? That was why they'd never caught me the time I'd had such fun poisoning the pigeons. *That* was my theory. That kind of track. . .

And so ran my thoughts (a few of them) when I mixed my powders and bitumens in the small yellow kitchen under the one bright bulb, with the shades tightly drawn, with the sounds of my wife's snoring coming from the bedroom.

At last I was finished. All of it was contained in the one test tube. I held it up to the light. The liquid in the test tube shone crystal clear. I smiled. One tear shimmied in the eye for joy. I flicked it. I knew I had kept faith with the old book in the library: I had made no mistakes.

" . . . one, only one common Deviation from our Ingredient, our Liquid will turn a brackish Hue. The final Sauce must be clear as the fresh rain Water. . . "

My hand did not tremble though my poor heart was exulting. I had it. I stoppered the tube tightly with a cork, rested the vial full of my liquid clear as rain water in a glass, and went to work

der von den Dutzenden toter Tauben, aufgereiht wie Leichen an einem Brückenkopf. Am Dienstagmorgen streute ich Erdnüsse vor der Bücherei in der Innenstadt aus, und an jenem Abend gab es weitere Bilder von toten Tauben... in der Innenstadt.

Und was konnte die Polizei tun? Wie kann die Infanterie wissen, wo der General das nächste Mal zuschlägt? Ich hatte sie ausschwärmen lassen, vorwärtsgetrieben, abgewehrt und – mit meiner der Fahrerflucht vergleichbaren Methode gefoppt. Wie konnten sie so einen Feind gefangennehmen? Wenn man Fährten hinterläßt, die in eine einzige Richtung führen, kann man gejagt werden. Wird aber eine Fußspur heute hier, morgen zehn Meilen entfernt und am dritten Tag hinter deinem Rücken entdeckt, wie will man sie da verfolgen – wie kann überhaupt jemand sie verfolgen? Daher hatten sie mich seinerzeit, als ich soviel Freude am Taubenvergiften hatte, nie erwischt. *Das* war meine Überlegung. Diese Art Fährte...

So bewegten sich meine Gedanken (ein paar davon), als ich meine Pulver und Kohlenwasserstoffverbindungen in der kleinen gelben Küche unter der einen hellen Glühbirne mischte; die Rolläden waren geschlossen, und aus dem Schlafzimmer drangen die Schnarchgeräusche meiner Frau.

Nun war ich fertig. Alles war in dem einzigen Teströhrchen enthalten. Ich hielt es gegen das Licht. Die Flüssigkeit im Röhrchen leuchtete kristallklar. Ich lächelte. Eine Freudenträne wippte in meinem Auge. Ich schnellte sie weg. Ich wußte, daß ich mich getreulich an das alte Buch in der Bibliothek gehalten hatte: ich hatte keine Fehler gemacht.

«...eine, nur eine einzige gewöhnliche Abweichung von unserer Zusammensetzung – und aus unserer Flüssigkeit wird eine brackige Brühe. Die endgültige Lösung muß klar wie frisches Regenwasser sein...»

Meine Hand zitterte nicht, obschon mein armes Herz frohlockte. Es war geschafft. Ich verschloß die Röhre fest mit einem Korken, bewahrte die Ampulle, die mit meiner wie klares Regenwasser aussehenden Flüssigkeit gefüllt war,

to clean up the kitchen. In five minutes the job was done, for – *ha!* – I am an old hand at the routine.

I wiped my hands. When they were bone dry I blew on them. A man who works in the stacks of a public library gets into the habit of blowing on his fingertips.

Now I read my secret paper once more:

". . . no Thing on earth can blunt its Sting, no Thing can rend its Heart, nothing can still its corruptive Pulse; not Fire, not Water, not Air, not Earth. It is like Lucifer, unconquerable. Burn it, it will glow. Drown it, it will drink. Bury it, it will grow. When it touches, Doom. Skin will rot before its Stain dissolves. . ."

I presented myself with one of my rare little jokes. "It reads like old Bunyan writing an ad for varnish," I told myself. I have my own sense of humor. Sly but fly, that's Henry Peters. And now I come to the vital part of the evening's entertainment.

Mrs Peters and I always used one bottle of milk and one of cream per day. Now, at night, the two clean and empty bottles, big and little brothers of vim, vigor and vitality, stood side by side on the sink. I regarded them. I cocked my head, as is my failing. I hesitated for just a second.

The milk bottle? The cream bottle? Both?

I thought about it, then I shrugged my shoulders. What difference did it make. . . really? I picked up the milk bottle. I sniffed from the open neck of its lingering clean lactic fragrance. Then I poured one drop, exactly one drop (like a teardrop) of my fresh-as-rain-water liquid into the milk bottle. I swirled it around a bit, watched the drop run in circles at the bottom of the

in einem Glas auf und machte mich daran, die Küche aufzuräumen. In fünf Minuten war die Arbeit getan, denn – *ha!* – darin bin ich ein alter Hase.

Ich wischte mir die Hände ab. Als sie knochentrocken waren, pustete ich sie an. Wer in den Magazinen einer öffentlichen Bücherei arbeitet, gewöhnt es sich an, auf die Fingerspitzen zu blasen.

Jetzt lese ich mein Geheimpapier noch einmal:

«. . . nichts kann ihren Stachel stumpf machen, nichts kann ihr Innerstes spalten, nichts kann ihrer zersetzenden Kraft Einhalt gebieten; weder Feuer noch Wasser, weder Luft noch Erde. Sie ist wie Luzifer, unbesiegbar. Verbrenn sie – sie glüht. Ertränke sie – sie trinkt. Vergrabe sie – sie wächst. Ihre Berührung bringt Verderben. Ehe der Fleck vergeht, wird die Haut verfaulen. . .»

Ich führte mich mit einem meiner seltenen kleinen Scherze ein. «Es liest sich, wie wenn der alte Bunyan eine Reklame für Lack schreibt», sagte ich zu mir. Ich habe meinen eigenen Sinn für Humor. Schlau, aber gerissen, das ist eben Henry Peters. Und jetzt komme ich zum entscheidenden Teil der abendlichen Belustigung.

Mrs Peters und ich verbrauchten täglich eine Flasche Milch und eine Flasche Sahne. Jetzt, bei Nacht, standen die zwei sauberen, leeren Flaschen, große und kleine Schwestern voller Frische, Kraft und Leben, nebeneinander auf dem Spülstein. Ich sah sie an, wandte den Kopf nach oben – eine Schwäche von mir – und zögerte, nur einen Augenblick.

Die Milchflasche? Die Sahneflasche? Beide?

Ich bedachte die Sache und zuckte dann mit den Schultern. Was war da schon für ein Unterschied. . . in Wirklichkeit? Ich griff nach der Milchflasche, erschnupperte am offenen Hals den reinen Milchgeruch, der sich noch hielt. Dann ließ ich einen Tropfen, genau einen Tropfen (wie eine Träne) von meiner wie frisches Regenwasser aussehenden Flüssigkeit in die Milchflasche fallen. Ich schwenkte sie ein wenig umher, beobachtete, daß der Tropfen in kreis-

milk bottle until it spread and flattened and exhausted itself. "It's alive," I assured myself. I put the milk bottle and the cream bottle in the hallway just outside our front door, in the usual place, where the milkman would pick it up in the morning.

Two days later it happened. Of course it happened. Down on the lower west side of town. A family of five – father, mother, three children. Found dead at the breakfast table. Poisoned.

I read about it in the morning paper. After I read about it I folded the paper, ever so neatly, and allowed myself my chuckle for the morning. Golly whiskers! – this was going to be so easy! As easy as poisoning pigeons.

That night when the snores from the bedroom had begun to fill me with a sense of safety and assurance once more, I went back to the kitchen. I took the day's empty milk bottle and poured one drop of my liquid into it. The old book in the library had *told* me that nothing could kill this incredible thing, and the old book had not lied. Nothing *could* kill it – not heat, or light, or water, or fire – or Pasteurization. It would conquer any antidote. I dropped a new drop into the milk bottle and I put the bottle in its familiar place outside the front door.

I had results in two days. It was in the papers again in that fine bold type. A man in the Burbank district this time. Situation identical. Found at the breakfast table. Poisoned. He was slumped over and his face was in a bowl of cereal and he was stone cold dead.

That night I felt – well, restless. Like a spendthrift with a bulging wallet. Why play with pennies? I was in need of some sort of extravagant indulgence, so I poured *two* drops of my liquid

förmigen Bewegungen auf den Boden der Flasche lief, bis er sich ausbreitete, abflachte und sich erschöpfte. «Der ist voll wirksam», versicherte ich mir selbst. Ich stellte die Milch- und die Sahneflasche in die Eingangshalle, gerade vor unsere Haustür, an den üblichen Platz, wo der Milchmann sie jeden Morgen abzuholen pflegte.

Zwei Tage danach geschah es. Natürlich geschah es. Drunten auf der tiefer gelegenen Westseite der Stadt. Eine fünfköpfige Familie – Vater, Mutter, drei Kinder. Tot am Frühstückstisch aufgefunden. Vergiftet.

Ich las davon im Morgenblatt. Nach dieser Lektüre faltete ich die Zeitung sehr sorgfältig und gestattete mir für den Morgen mein stillvergnügtes Lachen. Menschenskind! Das würde ja ganz leicht gehen! So leicht wie das Taubenvergiften.

Als in jener Nacht die Schnarchtöne aus dem Schlafzimmer begonnen hatten, mich wieder mit einem Gefühl der Sicherheit und des Vertrauens zu erfüllen, kehrte ich in die Küche zurück. Ich nahm die leere Milchflasche vom Tag und goß einen Tropfen meiner Flüssigkeit hinein. Das alte Buch in der Bibliothek hatte mich *gelehrt*, daß nichts dieses unglaubliche Zeug vernichten könne, und das alte Buch hatte nicht gelogen. Nichts konnte das Zeug zerstören – weder Hitze noch Licht, weder Wasser noch Feuer – noch das Auskochen. Es würde über jedes Gegenmittel Herr werden. Ich goß abermals einen Tropfen in die Milchflasche und stellte diese an ihren üblichen Platz vor die Haustür.

In zwei Tagen hatte ich Ergebnisse. Wieder stand es in jenem schönen, kräftigen Druck in den Zeitungen. Diesmal war es ein Mann im Bezirk Burbank. Ähnliche Sachlage. Am Frühstückstisch vorgefunden. Vergiftet. Er war vornüber gefallen, mit dem Gesicht in eine Schüssel Hafergrütze – mausetot.

In jener Nacht fühlte ich mich – nun, sagen wir, ruhelos. Wie ein Verschwender mit einer dicken Brieftasche. Warum mit Pfennigeinsätzen spielen? Ich brauchte irgendeine ausschweifende Befriedigung; daher ließ ich *zwei* Tropfen mei-

into the milk bottle. In some manner (how explain these little fulfillments of the heart?) the extra drop gave me the extra tingle of the flesh I yearned for. Like giving a decapitated turkey an extra little whack with the axe – it's not necessary, but it's *so* satisfying! Educated people will know what I am talking about.

The next day it was an elderly couple in the North suburbs who got it. They were found dead over the coffee cups. The papers didn't say so, and certainly the police wouldn't say so, but *I* knew the one vital fact: Viz: that elderly couple took milk with their coffee.

Oh dear, oh dear! Why will people mix coffee with milk?

I had only one twinge of remorse. I knew in my heart of hearts I wasn't going to keep this up for ever. I could, you know, if I felt like it. Fun's fun and all that, but business is business and I had to keep the main piece of business uppermost in mind. It was getting time to close in. So I did it once more, just once more, for fun.

The clear drop falls into the milk bottle, the milk bottle is placed outside the door, the milkman picks it up in the morning, he takes it to the plant (or the dairy, or whatever they call it) and he drops it with the million other milk bottles into the chute, or the vat, or whatever it is, and all the bottles are boiled and cleansed with all the latest scientific methods, and all the bottles come out clear and fresh as fresh air. All but one. That one has a forgotten fluid in it that can not be destroyed by fire or flame or heat or light. And the day after that two ladies who live in the heart of town drop dead at the breakfast table.

Simple, wasn't it? Sly, wasn't it?

Perhaps others before me had toyed with the

ner Flüssigkeit in die Milchflasche fallen. Irgendwie (wie soll man diese kleinen Genugtuungen des Herzens erklären?) gab mir der zusätzliche Tropfen das zusätzliche fleischliche Prickeln, das ich ersehnte. Es ist, wie wenn man einem geköpften Truthahn mit dem Beil nochmal einen kleinen Schlag versetzt – nicht notwendig, aber so tief befriedigend! Belesene Leute werden wissen, wovon ich spreche.

Am Tag darauf war ein älteres Paar in den nördlichen Vororten an der Reihe. Man fand die beiden tot über den Kaffeetassen. Die Zeitungen schrieben es nicht so, und die Polizei würde es bestimmt nicht so sagen, aber *ich* kannte die eine entscheidende Tatsache: dieses ältere Ehepaar trank nämlich den Kaffee mit Milch.

Ach du lieber Himmel, ach du lieber Himmel! Warum vermischen Leute bloß ihren Kaffee mit Milch?

Ich hatte nur einen Anflug von Gewissensbissen. Insgeheim war mir bewußt, daß ich das nicht beliebig lange fortsetzen würde. Ich könnte es ja, wenn mir danach zumute wäre. Spaß ist Spaß und dergleichen, aber Geschäft ist Geschäft, und vorrangig mußte ich das wichtigste Geschäft im Auge behalten. Es bestand darin, Zeit zu gewinnen, um mich heranzuarbeiten. Daher tat ich es noch einmal, nur einmal noch, aus Spaß.

Der klare Tropfen fällt in die Milchflasche, die Milchflasche wird vor die Tür gestellt, der Milchmann holt sie in der Frühe ab, bringt sie in die Fabrik (oder Molkerei, oder wie das sonst noch genannt wird) und er läßt sie mit der Million weiterer Milchflaschen in die Gleitrinne hinunter, oder in den Bottich, oder was es auch ist, und alle Flaschen werden ausgekocht und nach den neuesten wissenschaftlichen Verfahren gereinigt. Alle Flaschen kommen klar und frisch wie frische Luft zum Vorschein. Alle bis auf eine. In dieser einen befindet sich eine vergessene Flüssigkeit, die nicht durch Feuer, Flamme, Hitze oder Licht zerstört werden kann. Und tags darauf brechen zwei Damen, die mitten in der Stadt wohnen, am Frühstückstisch tot zusammen.

Einfach, wie? Schlau, nicht wahr?

Vielleicht hatten andere vor mir mit dem Gedanken einer

idea of a willy-nilly sort of slaughter, hitting hither and yon to confuse the police, then winding up with the one truly intended victim, so that the police would assume that the real victim was just another poor innocent selected on a willy-nilly basis. Maybe others before me had had that idea. Maybe. But one thing was certain: none before me had ever discovered the perfect weapon for such a campaign.

The milk bottle. The innocent milk bottle, which enters the homes of the rich and poor alike, uptown, downtown, midtown and in the suburbs. Can *you*, dear heart, think of a lethal weapon with such a democratic soul?

So far, the trail of my indiscriminate slaying was exactly to my liking. In succession the deaths had occurred once uptown, once downtown, once in Burbank and once in the North suburb. A perfect scattering of hits. Far and roundabout. On the maps in the police stations they were undoubtedly putting pins into a map of the city, endeavoring to make some kind of a pattern out of the design of these killings.

Let them go on looking for patterns! Let them go on breaking their heads questioning the neighbors for miles around about motives, and purported enemies of the deceased, and who in the name of God would be doing this thing. Let them look.

Henry Peters had a design far above and beyond the little patterns that pins can make on a map. My design was in my head.

I drew the final stroke on the 18th of December, two weeks after I had commenced the campaign and the city was in a state of panic.

But first, on the night of the 17th, I sat down to dinner with Mrs Peters.

Soll-ich-oder-soll-ich-nicht-Ermordung gespielt, indem sie mal hier, mal dort zuschlugen, um die Polizei in Verlegenheit zu bringen, dann bei dem einzigen echt beabsichtigten Opfer „landeten", damit die Polizei annähme, das wirkliche Opfer sei nur irgendein weiterer armer Unschuldiger, der aus Unentschlossenheit ausgewählt worden war. Vielleicht hatten andere vor mir diesen Einfall gehabt. Vielleicht. Eines war aber gewiß: niemand vor mir hatte jemals für so einen Feldzug die vollkommene Waffe entdeckt.

Die Milchflasche. Die unschuldige Milchflasche, die gleichermaßen zu Arm und Reich ins Haus kommt, in die Oberstadt, die Unterstadt, in die Stadtmitte und in die Vororte. Können *Sie*, mein Lieber, sich eine tödliche Waffe mit so einer demokratischen Seele vorstellen?

So weit entsprach die Spur meines wahllosen Mordens genau meinem Geschmack. Nacheinander waren die Todesfälle mal in der Oberstadt, mal in der Unterstadt, mal in Burbank und mal in einem nördlichen Vorort aufgetreten. Eine tadellose Verteilung von Treffern. Weitab und ringsherum. An den Karten der Polizeireviere waren sie zweifellos dabei, Nadeln in einen Stadtplan zu stecken, in dem Bestreben, irgendeine Art von Muster in der Ausführung dieser Morde zu erkennen.

Mögen sie getrost fortfahren, nach Mustern zu suchen! Mögen sie sich nur weiterhin die Köpfe zerbrechen, indem sie meilenweit im Umkreis die Nachbarn über Beweggründe, über vorgebliche Feinde der Hingeschiedenen befragen, und wer sonst in Gottes Namen die Tat begehen mochte. Mögen sie nur suchen! Henry Peters hatte einen Plan, der den kleinen Mustern, die durch Nadeln auf einem Stadtplan abgesteckt werden können, weit überlegen war und über sie hinausging. Mein Plan war in meinem Kopf.

Ich zog den Schlußstrich am 18. Dezember, zwei Wochen nachdem ich den Feldzug begonnen hatte und die Stadt sich in einem Zustand des Schreckens befand.

Doch zunächst setzte ich mich am Abend des 17. mit Mrs Peters zum Abendessen.

I did the serving. Mrs Peters' contribution to the evening ritual always ended with the cooking, if cooking it can be called. From then on the effort was all mine. I served the soup and the fish and the hot custard. When she finished each course she shoved the empty dish towards me, out from under the newspaper she was reading. When she was finished with the paper she let it drop to the floor.

"Well," she asked, spooning the custard into her mouth with quick strokes.

"Well what, Rita?"

"What happened today?"

"Today? Oh, the usual. Nothing exciting. Old Mrs Canfield in the music stacks thinks she's got a tumor in her nose."

"Long as she's got her health."

Oh dear, I thought. In my youth I always thought she had such a pretty wit. I was ashamed for my youth.

"What else?" she asked.

"Nothing."

Mrs Peters leaned back in her chair and looked at me with amusement. "Mrs Canfield, Mrs Canfield. . . you know, I got her up to here." She drew one finger across her throat. Then – the danger signal: she smiled. "Just how old *is* this Mrs Canfield?"

The tone of her voice was unmistakable; the leer in it; the filthy imputations. I dared not reply at once, for the old ailment suddenly creeping in – the choking sensation in my throat. But I did get it out, finally:

"Mrs Canfield is. . . I should judge. . . about seventy years old. She is. . . a grandmother. . . several times over. . ." My small voice (I admit, it *is* a small voice) was almost boyish now because of the choking I could not prevent.

Ich trug auf. Mrs Peters' Beitrag zum Zeremoniell des Abendessens erschöpfte sich stets mit dem Kochen, wenn überhaupt von Kochen die Rede sein kann. Von da an war alle Arbeit mir überlassen.

Ich reichte die Suppe, den Fisch und den heißen Eierrahm. Jedesmal wenn sie mit einem Gang fertig war, schob sie mir unter der Zeitung, die sie währenddessen las, den leeren Teller zu. War sie mit der Zeitung fertig, ließ sie diese zu Boden fallen.

«Nun», fragte sie und löffelte mit raschen Bewegungen den Eierrahm.

«Nun was, Rita?»

«Was gab's heute Neues?»

«Heute? Oh, das Übliche. Nichts Aufregendes. Die alte Mrs Canfield im Notenmagazin glaubt, sie habe einen Tumor in der Nase.»

«Solange sie nur gesund ist!»

«Ach, du liebe Zeit!» dachte ich. In meiner Jugend hielt ich sie immer für ziemlich witzig. Ich schämte mich meiner Jugend.

«Was sonst noch?» fragte sie.

«Nichts.»

Mrs Peters lehnte sich auf ihrem Stuhl zurück und sah mich vergnügt an. «Mrs Canfield, Mrs Canfield... weißt du, sie steht mir bis hierher.» Dabei legte sie einen Finger quer über die Kehle. Dann – das Warnsignal: sie lächelte. «Wie alt *ist* bloß diese Mrs Canfield?»

Der Tonfall ihrer Stimme war unmißverständlich, die Bosheit in ihr, die schmutzigen Unterstellungen. Ich getraute mich nicht gleich zu antworten, denn das alte Leiden machte sich plötzlich wieder bemerkbar – das Gefühl des Erstickens in meiner Kehle. Aber schließlich brachte ich es heraus.

«Mrs Canfield ist... würde ich mal schätzen... etwa siebzig. Sie ist... Großmutter... und das mehrfach...» Meine schwache Stimme (ich gebe zu, daß sie wirklich schwach ist) klang jetzt fast knabenhaft wegen des Würgens, das ich nicht unterdrücken konnte.

But how could she know the choking was my hatred for her? She was never aware of my more obvious emotions; she was sensitive only to the substrata of my thoughts. The *sewers* in me, she used to call them, mistaking my secrets for sewage. Uncanny she was about my hidden thoughts, always, but blind to the facts in my face staring into her face. She never understood how much I hated her.

She went on: "So what? They're never too old for you, are they, Bunny? I've seen the looks you give some grandmothers I know."

"Please. . . Rita. . ."

"Ha!" She pushed herself back from the table. I always found it hard to camouflage my disgust at this gross, unfeminine climax to her table manners – this shoving back from the table, this squeeking revolt of chair against floor. Her manners had not always been so utterly masculine. I thought: and in the springtime of her youth she was so graceful! What has changed her so? What turned her into a manwoman?

"Coffee," she said. She put two fingers to her lips as her cheeks puffed out.

"Right away."

I got up from the dining alcove and went back to the kitchen.

I have recorded the dinner conversation for your sake, to give you some notion of what strength of will it took not to kill her that night. She deserved it then and there – you agree? Well, you are more impetuous than I. I am an academic man and I did not kill her that night. Of course I was tempted. Two blue cups in two blue saucers were waiting for me. I filled them with the steaming coffee. In the hidden topmost shelf of the kitchen cabinet was the test tube. . . all I had

Aber wie konnte sie wissen, daß das Würgen mein Haß auf sie war? Über meine offensichtlicheren Gefühle war sie sich nie im klaren; ein feines Gefühl hatte sie nur für das Unterschwellige meiner Gedanken. Von den *Kloaken* in mir pflegte sie zu sprechen, weil sie meine Geheimnisse fälschlicherweise für Abwässer hielt. Unheimlich waren ihr meine verborgenen Gedanken, und zwar immer, doch blind war sie gegenüber den Tatsachen, die in mein Gesicht geschrieben standen, das in das ihre starrte. Nie begriff sie, wie sehr ich sie haßte.

Sie fuhr fort: «Also was? Sie sind doch für dich nie zu alt, Karnickelchen, oder? Ich habe ja gesehen, was für Augen du einigen Großmüttern, machst die ich kenne.»

«Bitte... Rita...»

«Ha!» Sie rückte vom Tisch ab. Es fiel mir schwer, meine Verärgerung über diese derbe und unweibliche Krönung ihrer Tischsitten zu verbergen – dieses Abrücken vom Tisch, dieses quietschende Aufbegehren des Stuhls gegen den Boden. Ihr Benehmen war nicht immer so betont männlich gewesen. Ich dachte: Und im Lenz ihrer Jugend war sie so anmutig! Was hat sie derartig verändert? Was hat sie zu einem Mannweib gemacht?

«Kaffee!» sagte sie. Sie legte zwei Finger an die Lippen, als ihre Backen sich aufblähten.

«Sofort!»

Ich stand auf, verließ die Eßnische und ging wieder in die Küche.

Ich habe das Tischgespräch Ihretwegen berichtet, um Ihnen eine Vorstellung zu vermitteln, was für eine Willensstärke es kostete, sie an jenem Abend nicht umzubringen. Sie verdiente es auf der Stelle – geben Sie mir recht? Nun, Sie sind ungestümer als ich. Ich bin Akademiker und habe sie an jenem Abend nicht getötet. Natürlich war ich versucht, es zu tun. Zwei blaue Tassen auf zwei blauen Untertassen warteten schon auf mich. Ich füllte sie mit dem dampfenden Kaffee. Im verborgenen obersten Bord des Küchenschranks war das Teströhrchen... alles, was ich zu tun hatte, war,

to do was reach upward. But I shook myself all over and gritted my teeth. Prudence. . . *prudence*! I dared not upset my perfect plan with any impetuous improvisation that night. I brought her uncontaminated coffee, fresh and steaming and pure. She drank it and liked it and was at peace with the evening paper again. It was not until the following morning that I did it, the way I planned it.

I took my early breakfast alone, as usual. Then, as usual, I prepared the makings of breakfast for Rita. The batter for the waffles, the bread in the toaster, the spoonful of jam in the little pot. I filled the percolator and placed it on the gas range. When she would wake up at her usual hour and come shuffling into the kitchen, all she would have to do was to push pedals and levers. That was the sum total of her morning chores.

Then carefully, carefully, I removed the cap from the milk bottle, dropped three clear drops from the test tube into the milk, and carefully replaced the bottle cap. Rita, you see, always had a glass of milk *and* a cup of coffee for breakfast. Good for the digestion, she always said. I suppose it was; ailments aplenty she always had but alimentary congestion was never one of them. After the business with the milk bottle I left the apartment and went to work.

That was at 9:00 in the morning.

At 12:07 I came back to the apartment, as usual, for lunch. I came, as always, bearing-gifts for myself – bundles of groceries for lunch under my arms. Any attentive neighbor could see that I was living up to my daily routine in every way. I walked the three flights up the hall stairway, put the key into the lock, opened the door, entered the apartment, and saw her. I closed the door carefully behind me before I took a good look. She lay in a heap beside the table. She must have

hinaufzulangen. Aber ich schüttelte mich über und über und knirschte mit den Zähnen. Vorsicht... *Vorsicht*! Ich wagte nicht, an diesem Abend meinen ausgezeichneten Plan durch eine ungestüme Stegreifausführung durcheinanderzuwerfen. Ich brachte ihr einwandfreien, frischen, dampfenden, reinen Kaffee. Sie trank ihn; er schmeckte ihr, und friedlich widmete sie sich wieder der Abendzeitung. Erst am Morgen darauf tat ich es, und zwar so, wie ich es geplant hatte.

Wie üblich frühstückte ich allein. Dann traf ich, wie üblich, die Vorbereitungen für Ritas Frühstück: den Teig für die Waffeln, das Brot im Toaster, den Löffel voll Marmelade im Töpfchen. Ich füllte den Kaffeefilter und stellte ihn auf den Gasherd. Wenn Rita zu ihrer üblichen Stunde aufwachte und schlurfend in die Küche kam, brauchte sie nur Hebel und Griffe zu drücken. Das war alles, was sie am Morgen zu tun hatte.

Dann entfernte ich äußerst vorsichtig den Verschluß von der Milchflasche, ließ drei klare Tropfen aus dem Teströhrchen in die Milch fallen und verschloß die Flasche behutsam wieder. Wissen Sie, Rita nahm stets ein Glas Milch *und* eine Tasse Kaffee zum Frühstück.

Gut für die Verdauung, pflegte sie zu sagen. Vermutlich stimmte es; Wehwehchen hatte sie immer genug, doch nie Verstopfung wegen der Kost. Nach der Verrichtung an der Milchflasche verließ ich die Wohnung und ging zur Arbeit.

Das war um neun Uhr morgens.

Um 12.07 Uhr kam ich, wie gewöhnlich, in die Wohnung zum Mittagessen zurück. Ich trug, wie immer, Bündel von Lebensmitteln fürs Mittagessen unter den Armen – Geschenke für mich selber. Jeder aufmerksame Nachbar konnte sehen, daß ich meinem täglichen Arbeitspensum in jeder Hinsicht gerecht wurde. Ich ging die drei Treppen hinauf, steckte den Schlüssel ins Schloß, öffnete die Tür, betrat die Wohnung und sah Rita. Ehe ich sie genau betrachtete, schloß ich sorgsam die Tür. Sie lag zusammengesunken neben dem Tisch. Im Fallen muß sie nach der Tischdecke gegriffen

grabbed the tablecloth as she fell. It covered her like a shroud up to the neck. Pieces of crockery were all over the floor. Good. All very good.

I set my bundles on the floor, as if I had dropped them at the awful sight that greeted me as I had come home for lunch. I walked into the kitchen, took the test tube from the topmost shelf and emptied the liquid down the sink. (I remember thinking that it would kill a lot of little fishes before it would dissolve in the unconquerable ocean.) I dropped all the paraphernalia, powders and test tubes, down the incinerator door. Then I walked seven steps to the telephone, dialed the operator, and when the usual soulless female voice whinnied "Yes, pleeyuz?" into my ear, I said, as politely as possible, "I want a policeman."

So they came, and they performed their duties. They examined everything, asked many questions, kept the neighbors at bay, took pictures, measured things, and in a final burst of efficiency carried the body of the deceased away. I sat in a corner of the sofa in the parlor with a handkerchief to my nose.

To the questions, to the endlessly pointless questions, I merely nodded. Obviously, I was in a torpor of grief and bewilderment. I was in no condition to be intelligently interrogated. Two of the police detectives looked at one another, shook their heads in sympathetic vibration. *Better let the old guy alone*. . . they seemed to nod to one another. *This is too much of a shock to him* . . . the nod seemed to say. I caught it all over the rim of the handkerchief.

There was one detective, name of Delaney, who came over and sat next to me on the sofa. He put one hand on my knee.

haben, von der sie bis zum Hals, wie von einem Leichentuch, bedeckt war. Geschirrteile lagen über den ganzen Boden verstreut. Gut. Alles sehr gut.

Ich stellte meine Bündel auf dem Boden ab, so als hätte ich sie bei dem schrecklichen Anblick, der sich mir bei der Heimkehr zum Mittagessen bot, fallen lassen. Ich ging in die Küche, nahm das Teströhrchen vom obersten Regalbrett und leerte die Flüssigkeit in den Ausguß. (Ich erinnere mich noch, daß ich gedacht habe: Ehe das Zeug sich im unbezwingbaren Ozean auflöst, wird es viele viele Fischlein totmachen.) Den ganzen Kram, Pülverchen und Versuchsröhrchen, ließ ich in den Verbrennungsofen hintergleiten. Dann ging ich sieben Schritt zum Telefon, wählte das Fräulein vom Amt an, und als mir die gewohnte seelenlose weibliche Stimme ihr «Ja, biitte?» ins Ohr wieherte, sagte ich so höflich wie möglich: «Ich brauche einen Herrn von der Polizei.»

So kamen sie denn und taten, was ihres Amtes war. Sie untersuchten alles, stellten zahlreiche Fragen, hielten die Nachbarn fern, machten Aufnahmen und vermaßen jeden Gegenstand.

In einem letzten Aufgebot aller ihrer Tatkraft schleppten sie den Leichnam weg. Ich saß im Wohnzimmer in einer Sofaecke mit einem Taschentuch vor der Nase.

Auf die Fragen, auf die unendlich zwecklosen Fragen nickte ich bloß. Offensichtlich war ich von Kummer und Verwirrung gelähmt. Mein Zustand machte eine sinnvolle Befragung unmöglich. Zwei der Polizeidetektive sahen sich an und schüttelten mitleidig den Kopf.

Lassen wir den alten Knaben lieber allein. . . schienen sie sich zuzunicken. *Der Schock ist zu arg für ihn. . .* schien das Nicken zu besagen. Ich bekam das alles über den Saum meines Taschentuchs hinweg mit.

Dann kam ein Detektiv namens Delaney herüber und setzte sich neben mich aufs Sofa. Er legte mir die Hand aufs Knie.

"Look, Mr Peters," he said, "this is no time to go into details. That I know. We'll get outa here and leave you alone. But first I want to explain one thing. You been reading the papers. You know we got a maniac loose somewheres – poisoning people all over the city. We don't know why – we don't know *what* the hell he's up to. All we know is he poisons people and he don't care *where* he does it. He done it here today. He's liable to do it on the west side tomorrow, or on the east side, or over on the island maybe – we don't know. We got no defense against this kind of thing – not yet, we haven't."

I did not look at him as I removed the handkerchief from my mouth. "But how," I whispered, "how did he get in? – and... poor Rita..."

"Look now," said Mr Delaney. "Listen to me carefully. Maybe I'll make you understand a thing or two. The guy's crazy – whoever he is. He's got the finger on some of the citizens, and we don't know why. We got no connecting link. He picked your wife today. We don't know who he'll pick tomorrow. It's that kind of a deal shows you why we got no defense against the guy. Against somebody with a system, we can fight. Against a guy who just *kills*, anywhere, anytime, just to kill – where do we stand? You heard of Jack the Ripper? Same thing. Never know where he's gonna hit next – 'cause – well, you see – this guy, whoever he is – he thought up the damndest murder weapon you ever heard of in your whole life. I'm sorry I can't tell you what it is, Mr Peters. But I'll tell you this – !"

He stood up then and looked down at me with fire in his eye, with a set jaw in which there was all the comnipotence, all the majesty of the law. "*We* know what it is! And that's a good

«Sehen Sie, Mr Peters», sagte er, «es ist jetzt nicht die Zeit, auf Einzelheiten einzugehen. Das weiß ich. Wir werden hier verschwinden und Sie allein lassen. Aber zuerst will ich Ihnen eines erklären. Sie haben doch die Zeitungen gelesen. Sie wissen, daß sich irgendwo ein Verrückter rumtreibt und überall in der Stadt Leute vergiftet. Wir wissen nicht warum – wir wissen nicht, was, zum Teufel, er im Schilde führt. Alles, was wir wissen, ist das: er vergiftet Leute, und es ist ihm gleich, *wo* er es tut. Heute hat er's hier getan. Morgen tut er es möglicherweise im Westen oder im Osten, oder vielleicht auf der Insel drüben – wir wissen es nicht. Wir haben kein Mittel dagegen gefunden – noch haben wir keines.»

Ich sah ihn nicht an, als ich das Taschentuch vom Mund nahm. «Aber wie», flüsterte ich, «wie kam er herein? – und ... arme Rita...»

«Nun schauen Sie», sagte Mr Delaney. «Hören Sie mir genau zu. Vielleicht gelingt es mir, Ihnen ein paar Dinge begreiflich zu machen. Der Kerl ist wahnsinnig – wer es auch ist. Er erwischte ein paar Bürger, und wir wissen nicht warum. Wir haben kein Bindeglied. Heute schnappte er Ihre Frau. Wir wissen nicht, wen er sich morgen aussucht. Es ist diese Art von krummer Tour, die Ihnen zeigt, warum wir kein Abwehrmittel gegen den Burschen haben. Gegen jemand mit einem System können wir kämpfen. Aber gegen einen Kerl, der einfach *mordet*, irgendwo, irgendwann, einfach um zu morden – wo stehen wir denn da? Haben Sie von Jack the Ripper gehört? Dasselbe. Man weiß nie, wo er das nächste Mal zuschlägt, weil – nun, ja – dieser Kerl, wer er auch ist – sich die verdammteste Mordwaffe ausgedacht hat, von der sie in Ihrem ganzen Leben gehört haben. Leider kann ich Ihnen nicht sagen, Mr Peters, was das für eine Waffe ist. Aber ich will Ihnen folgendes sagen...»

Und nun stand er auf und sah mit glühenden Augen auf mich herunter; sein entschlossenes Kinn brachte die ganze Allmacht, die ganze Erhabenheit des Gesetzes zum Ausdruck. «*Wir* wissen, was es ist! Und das ist ein guter

head start. We'll catch him, Mr Peters. You understand me?"

"I – I think so."

"Just – please – keep what I'm telling you under your hat. Today, your wife. Tomorrow, somebody else's wife. Or kids. It's tough it had to be your wife this time, Mr Peters. Outa three million available people, he had to pick your wife. Well, that's life. We'll be goin' now."

He patted me on the shoulder.

In my infinite grief then, they left me to the consolation of solitude.

So there it is, dear friends and gentle hearts. Seems there's a poisoner somewhere loose in the city and he strikes willy-nilly. Like lightning. Like a madman. He must be mad. Why else would he kill so many different people in so many different places? People who have nothing, but nothing at all, to do with one another. It makes no sense. The police say they don't even know how he gets in. Well then, citizens, lock your doors. Look under the beds at night. Don't forget to bar your windows – for who guarantees that madmen and lightning always use the front door?

My neighbors, in their passion for consolation, tell me that it's all the fault of the stupid police. All that bluster out of them all the time, so high and mighty with their parking tickets and their loud mouths when a man is minding his own business. But can you ever find one when you need one? Are they ever any good when it comes to an emergency, a real emergency?

I tell the neighbors that the police are not entirely to blame. Maybe they *do* know something. They can't tell *everything* they know.

To myself I say that they don't dare tell the

Vorsprung. Wir werden ihn erwischen, Mr Peters. Verstehen Sie mich?»

«Ich – ich glaube schon.»

«Nur – bitte – behalten Sie, was ich Ihnen sage, für sich! Heute war's Ihre Frau. Morgen ist's die Frau eines anderen. Oder Kinder. Es ist hart, daß es diesmal Ihre Frau sein mußte, Mr Peters. Aus drei Millionen vorhandenen Leuten mußte er sich ausgerechnet Ihre Frau aussuchen. Nun, so ist das Leben. Wir gehen jetzt.»

Er klopfte mir auf die Schulter.

Dann überließen sie mich in meinem unsagbaren Kummer der Trösterin Einsamkeit.

So ist das also, meine lieben Freunde und gütigen Herzen. Irgendwo in der Stadt ist anscheinend ein Giftmischer unterwegs und schlägt wohl oder übel zu. Wie ein Blitz. Wie ein Verrückter. Er muß ver-rückt sein. Warum würde er sonst so viele verschiedene Leute an so vielen verschiedenen Orten umbringen? Leute, die nichts, aber auch gar nichts miteinander zu tun haben. Es ergibt keinen Sinn. Die Polizei sagt, sie wisse nicht einmal, wie er in die Häuser hineinkommt. Nun denn, Bürger, schließt eure Türen ab! Schaut abends unter die Betten! Vergeßt nicht, eure Fenster zu verriegeln! Denn wer gibt euch Brief und Siegel darauf, daß Verrückte und Blitze immer nur durch die Haustür kommen?

Meine Nachbarn sagen mir in ihrem leidenschaftlichen Bemühen, mich zu trösten, es sei alles die Schuld der dämlichen Polizei. Deren ständige Prahlerei, deren Großtuerei mit ihren Parkscheinen und ihrem lauten Gemaule, wenn jemand sich selber um seine Angelegenheiten kümmert. Ist aber jemals ein Polizist zu finden, wenn einer gebraucht wird? Sind sie jemals zu etwas gut, wenn ein Notfall eintritt, ein echter Notfall?

Ich sage den Nachbarn, sie sollten die Polizei nicht nur rüffeln. Vielleicht weiß sie *wirklich* etwas. Sie kann ja nicht *alles* bekanntgeben, was sie weiß.

Mir selbst sage ich, sie wage es nicht, die Öffentlichkeit

public about the milk. They don't dare. Just picture to yourself what would happen. Nothing less than a calamity; everybody in town would stop drinking milk! All those babies would suffer! And the poor milk companies would surely go out of business. And all those milkmen would be out of work. And all those farmers who milk the cows. . . and the poor cows too, what would happen to them? No, siree, you can't start *that* kind of a panic. No telling where that would lead to. It's much better if the police let a few people die every day until they can find the fiend who's responsible. Then they can tell the public everything. But not until then.

Mr Delaney told me to keep what he told me under my hat. I will, of course. I know how to keep a secret. I really do. I've kept the secret of my little book, haven't I? – I mean the old one in the library that contains the formula.

Formula, did I say? Let me tell *you* a secret. My little book contains *formulae*. Plural. There is one, for example, on page 137, the fifteenth chapter if you please. It tells how to make gold out of garbage. A simple process involving a few hours' work. Then on page 192 there is a perfume very easy to prepare. If a man anoints himself with a drop of it every morning he becomes irresistible to every female within an area of thirty square miles.

I propose to make the gold first, then the perfume.

I propose to have a lot of fun.

über die Milch aufzuklären. Sie traut sich nicht. Stellen Sie sich doch vor, was geschehen würde. Nichts weniger als eine Katastrophe; alle in der Stadt würden keine Milch mehr trinken. Alle Säuglinge würden leiden. Und die armen Molkereien würden bestimmt eingehen. Und alle Milchmänner wären arbeitslos. Und alle Bauern, welche die Kühe melken... aber auch die armen Kühe, was geschähe mit ihnen? Nein, mein Herr, so eine Bestürzung darf man nicht auslösen. Nicht auszudenken, wohin das führen würde. Es ist viel besser, die Polizei läßt jeden Tag ein paar Leute sterben, bis sie den dafür verantwortlichen Unhold erwischen kann. Dann kann sie ja der Öffentlichkeit alles bekanntgeben. Aber erst dann.

Mr Delaney trug mir auf, über alles, was er mir anvertraut hatte, Stillschweigen zu bewahren. Natürlich werde ich das. Ich kann ein Geheimnis hüten. Wirklich. Ich habe doch auch das Geheimnis meines Büchleins gehütet, stimmt's? – Ich meine das alte in der Bibliothek, welches die Formel enthält.

Habe ich Formel gesagt? Erlauben Sie mir, daß ich *Ihnen* ein Geheimnis erzähle. Mein Büchlein enthält *Formeln*. Mehrzahl. Da ist zum Beispiel eine auf Seite 137, im 15. Kapitel, wenn Sie gestatten. Sie handelt davon, wie man aus Abfall Gold macht. Ein einfacher Vorgang, der ein paar Stunden Arbeit kostet. Dann, auf Seite 192, steht ein ganz leicht herzustellendes Parfüm. Reibt sich ein Mann mit einem Tropfen davon jeden Morgen ein, wird er für jede Frau in einem Umkreis von dreißig Quadratmeilen unwiderstehlich.

Ich gedenke, zuerst das Gold, dann das Parfüm herzustellen.

Es soll sehr unterhaltsam und lustig für mich werden.

E. B. White: The Parable of the Family which Dwelt Apart

On a small, remote island in the lower reaches of Barnetuck Bay there lived a family of fisherfolk by the name of Pruitt. There were seven of them, and they were the sole inhabitants of the place. They subsisted on canned corn, canned tomatoes, pressed duck, whole-wheat bread, terrapin, Rice Krispies, crabs, cheese, queen olives, and homemade wild-grape preserve. Once in a while Pa Pruitt made some whiskey and they all had a drink.

They liked the island and lived there from choice. In winter, when there wasn't much doing, they slept the clock around, like so many bears. In summer they dug clams and set off a few pinwheels and salutes on July 4th. No case of acute appendicitis had ever been known in the Pruitt household, and when a Pruitt had a pain in his side he never even noticed whether it was the right side or the left side, but just hoped it would go away, and it did.

One very severe winter Barnetuck Bay froze over and the Pruitt family was marooned. They couldn't get to the mainland by boat because the ice was too thick, and they couldn't walk ashore because the ice was too treacherous. But inasmuch as no Pruitt had anything to go ashore for, except mail (which was entirely second class), the freeze-up didn't make any difference. They stayed indoors, kept warm, and ate well, and when there was nothing better to do, they played crokinole. The winter would have passed quietly enough had not someone on the mainland remembered that the Pruitts were out there in the frozen bay. The word got passed around the county and finally reached the Superintendent of State Police, who immediately notified Pathé

Die Parabel von der Familie, die abgeschieden lebte

Auf einer kleinen, abgeschiedenen Insel im Mündungsbereich der Barnetuck-Bucht lebte eine siebenköpfige Fischerfamilie namens Pruitt. Sie waren dort die einzigen Bewohner. Ihre Nahrung bestand aus Maisgemüsekonserven, Tomatenkonserven, Preßente, Vollweizenbrot, Dosenschildkröten, Knusperreis, Krabben, Käse, Königinoliven und hausgemachten Konserven aus wilden Weintrauben. Dann und wann stellte Papa Pruitt Whiskey her, und sie hatten alle etwas zu trinken.

Sie liebten die Insel und lebten dort, weil sie es wollten. Im Winter, wenn es nicht viel zu tun gab, schliefen sie, wie so viele Bären, rund um die Uhr. Im Sommer gruben sie Muscheln aus, und am 4. Juli brannten sie ein paar Feuerräder ab und schossen Salut. Nie war ein Fall von akuter Blinddarmentzündung im Haushalt der Pruitts bekannt geworden, und wenn ein Pruitt einen Schmerz in der Seite verspürte, achtete er nicht einmal darauf, ob es rechts oder links weh tat, sondern hoffte einfach, das werde vergehen, und es verging tatsächlich.

In einem sehr strengen Winter fror die Barnetuck-Bucht zu, und die Familie Pruitt war von der Außenwelt abgeschnitten. Sie konnte nicht mit dem Boot zum Festland gelangen, weil das Eis zu dick war, und konnte nicht ans Ufer gehen, weil das Eis zu tückisch war. Aber da ja kein Pruitt sich ans Ufer begeben mußte, außer um die Post abzuholen (was völlig nebensächlich war), spielte es überhaupt keine Rolle, daß die Bucht zugefroren war. Sie blieben im Haus, hielten sich warm und aßen gut, und wenn es nichts Besseres zu tun gab, vergnügten sie sich mit dem Flohspiel. Der Winter wäre recht ruhig verlaufen, hätte sich nicht jemand auf dem Festland daran erinnert, daß die Pruitts dort draußen in der zugefrorenen Bucht lebten. Die Nachricht sprach sich im Bezirk herum und kam schließlich dem Leiter der staatlichen Polizei zu Ohren, der sofort die Filmagentur Pathé und die US-Armee benachrichtigte. Die

News and the United States Army. The Army got there first, with three bombing planes from Langley Field, which flew low over the island and dropped packages of dried apricots and bouillon cubes, which the Pruitts didn't like much. The newsreel plane, smaller than the bombers and equipped with skis, arrived next and landed on a snow-covered field on the north end of the island. Meanwhile, Major Bulk, head of the state troopers, acting on a tip that one of the Pruitt children had appendicitis arranged for a dog team to be sent by plane from Laconia, New Hampshire, and also dispatched a squad of troopers to attempt a crossing of the bay. Snow began falling at sundown, and during the night three of the rescuers lost their lives about half a mile from shore, trying to jump from one ice cake to another.

The plane carrying the sled dogs was over southern New England when ice began forming on its wings. As the pilot circled for a forced landing, a large meat bone which one of the dogs had brought along got wedged in the socket of the main control stick, and the plane went into a steep dive and crashed against the side of a power house, instantly killing the pilot and all the dogs, and fatally injuring Walter Ringstead, 7, of 3452 Garden View Avenue, Stamford, Conn.

Shortly before midnight, the news of the appendicitis reached the Pruitt house itself, when a chartered autogiro from Hearst's International News Service made a landing in the storm and reporters informed Mr Pruitt that his oldest boy, Charles, was ill and would have to be taken to Baltimore for an emergency operation. Mrs Pruitt remonstrated, but Charles said his side did hurt a little and it ended by his leaving in the giro. Twenty minutes later another plane

Armee gelangte zuerst hin, und zwar mit drei Bombern vom Flugplatz Langley aus; diese flogen in geringer Höhe über die Insel und warfen Pakete mit getrockneten Aprikosen und Fleischbrühwürfeln ab, von denen die Pruitts nicht sehr erbaut waren. Das Flugzeug der Wochenschau, kleiner als die Bomber und mit Skiern ausgerüstet, kam als nächstes und landete auf einem schneebedeckten Feld am nördlichen Ende der Insel. Mittlerweile wurde Major Bulk, der Leiter der staatlichen berittenen Polizei tätig, weil er einen Hinweis erhalten hatte, eines der Pruitt-Kinder habe Blinddarmentzündung; er sorgte dafür, daß eine Hundestaffel aus Laconia, New Hampshire, eingeflogen wurde, und schickte auch einen Trupp Polizisten los, die den Versuch machen sollten, die Bucht zu überqueren. Bei Sonnenuntergang fing es zu schneien an, und während der Nacht kamen drei der Retter etwa eine halbe Meile vom Ufer entfernt ums Leben, als sie versuchten, von einer Eisscholle zur anderen zu springen.

Das Flugzeug mit den Schlittenhunden war über Süd-Neuengland, als sich auf seinen Tragflächen Eis zu bilden begann. Als der Pilot kreiste, um eine Notlandung zu machen, geriet ein großer Knochen von dem Fleisch, das einer der Hunde mitgebracht hatte, in den Flansch der wichtigsten Steuersäule, das Flugzeug ging in einen Sturzflug über und prallte gegen die seitliche Mauer eines Kraftwerks. Dadurch kamen der Pilot und alle Hunde auf der Stelle ums Leben, und Walter Ringstead, 7, aus 3452 Garden View Avenue, Stamford, Conn. wurde tödlich verletzt.

Kurz vor Mitternacht erreichte die Nachricht von der Blinddarmentzündung das Haus der Familie Pruitt selber, als ein von Hearsts Internationalem Nachrichtendienst gecharterter Hubschrauber eine Landung im Sturm versuchte und Berichterstatter Herrn Pruitt davon in Kenntnis setzten, daß sein ältester Sohn Charles krank sei und nach Baltimore zu einer Notoperation gebracht werden müsse. Frau Pruitt erhob Einwände, aber Charles sagte, er habe tatsächlich ein wenig Schmerzen in der Seite und wurde schließlich im Hubschrauber ausgeflogen. Zwanzig Minuten

came in, bearing a surgeon, two trained nurses, and a man from the National Broadcasting Company, and the second Pruitt boy, Chester, underwent an exclusive appendectomy in the kitchen of the Pruitt home, over the Blue Network. This lad died, later, from eating dried apricots too soon after his illness, but Charles, the other boy, recovered after a long convalescence and returned to the island in the first warm days of spring.

He found things much changed. The house was gone, having caught fire on the third and last night of the rescue when a flare dropped by one of the departing planes lodged in a bucket of trash on the piazza. After the fire, Mr Pruitt had apparently moved his family into the emergency shed which the radio announcers had thrown up, and there they had dwelt under rather difficult conditions until the night the entire family was wiped out by drinking a ten-per-cent solution of carbolic acid which the surgeon had left behind and which Pa Pruitt had mistaken for grain alcohol.

Barnetuck Bay seemed a different place to Charles. After giving his kin decent burial, he left the island of his nativity and went to dwell on the mainland.

darauf kam ein weiteres Flugzeug an mit einem Chirurgen, zwei ausgebildeten Schwestern und einem Herrn von der Staatlichen Rundfunkgesellschaft, und der zweite Sohn der Pruitts, Chester, unterzog sich in der Küche der Familie einer nur von diesem Sendernetz übertragenen Blinddarmoperation. Später starb dieser Junge, weil er zu früh nach seiner Krankheit getrocknete Aprikosen aß, aber Charles, der andere Bub, erholte sich nach langer Genesungszeit und kehrte in den ersten warmen Frühlingstagen auf die Insel zurück.

Er fand dort alles sehr verändert. Das Haus war verschwunden, da es in der dritten und letzten Nacht der Rettungsaktion Feuer gefangen hatte, als eine von einem der abziehenden Flugzeuge geworfene Leuchtrakete in einem Eimer voll Abfall auf der Veranda steckenblieb. Nach dem Brand hatte Herr Pruitt seine Familie anscheinend in den Behelfsschuppen geschafft, den die Leute vom Rundfunk hastig errichtet hatten, und dort hatten sie unter ziemlich schwierigen Umständen gewohnt bis zu der Nacht, in der die ganze Familie dadurch ausgelöscht wurde, daß sie alle eine vom Chirurgen zurückgelassene zehnprozentige Karbolsäurelösung tranken, die Papa Pruitt für Gärungsalkohol gehalten hatte.

Die Bucht von Barnetuck erschien Charles wie ein ganz anderer Ort. Nachdem er seinen Angehörigen ein anständiges Begräbnis verschafft hatte, verließ er die Insel seiner Geburt und zog auf das Festland.

John Collier: De Mortuis...

Dr. Rankin was a large and rawboned man on whom the newest suit at once appeared outdated, like a suit in a photograph of twenty years ago. This was due to the squareness and flatness of his torso, which might have been put together by a manufacturer of packing cases. His face also had a wooden and a roughly constructed look; his hair was wiglike and resentful of the comb. He had those huge and clumsy hands which can be an asset to a doctor in a small upstate town where people still retain a rural relish for paradox, thinking that the more apelike the paw, the more precise it can be in the delicate business of a tonsillectomy.

This conclusion was perfectly justified in the case of Dr. Rankin. For example, on this particular fine morning, though his task was nothing more ticklish than the cementing over of a large patch on his cellar floor, he managed those large and clumsy hands with all the unflurried certainty of one who would never leave a sponge within or create an unsightly scar without.

The Doctor surveyed his handiwork from all angles. He added a touch here and a touch there till he had achieved a smoothness altogether professional. He swept up a few last crumbs of soil and dropped them into the furnace. He paused before putting away the pick and shovel he had been using, and found occasion for yet another artistic sweep of his trowel, which made the new surface precisely flush with the surrounding floor. At this moment of supreme concentration the porch door upstairs slammed with the report of a minor piece of artillery, which, appropriately enough, caused Dr. Rankin to jump as if he had been shot.

De mortuis...

Dr. Rankin war ein großer, grobknochiger Mann, an dem der neueste Anzug sofort altmodisch aussah, wie ein Anzug auf einem zwanzig Jahre alten Foto. Das lag an seinem viereckigen, flachen Körper, den ein Kistenhersteller zusammengebaut haben könnte. Auch Rankins Gesicht wirkte hölzern und wie ein Rohentwurf; sein Haar ähnelte einer Perücke und sträubte sich gegen den Kamm. Er hatte jene riesigen, unförmigen Hände, die bei einem Arzt ein Vorzug sein können in einer kleinen Provinzstadt, wo die Leute sich noch einen ländlichen Sinn für das Widersprüchliche bewahrt haben, weil sie glauben, daß die Pfote, je mehr sie der des Affen gleicht, desto genauer auch bei der heiklen Tätigkeit einer Mandelentfernung sein kann.

Diese Schlußfolgerung war im Falle des Dr. Rankin völlig berechtigt. Obwohl zum Beispiel an jenem bestimmten schönen Morgen seine Arbeit aus nichts Heiklerem bestand als darin, eine große Stelle auf seinem Kellerboden zu zementieren, bediente er sich dieser großen, schwerfälligen Hände mit der ganzen beherrschten Sicherheit eines Mannes, der nie einen Schwamm *in* einem Patienten zurücklassen oder eine häßliche Narbe *außen* an ihm verursachen würde.

Der Arzt begutachtete sein Werk von allen Seiten. Er brachte noch einen Strich hier und einen Strich dort an, bis er es ganz und gar wie ein Fachmann zuwege gebracht hatte. Ein paar letzte Bröckelchen des Bodens wischte er zusammen und warf sie in den Heizkessel. Ehe er Pickel und Schaufel, die er verwendet hatte, beiseite legte, hielt er inne und fand Gelegenheit, noch einmal kunstvoll seine Maurerkelle zu schwingen, wodurch die neue Oberfläche genau auf eine Ebene mit dem Boden ringsherum kam. In diesem Augenblick höchster gedanklicher Anspannung knallte oben die Tür des Vorbaus mit einem Krach, wie ihn ein kleineres Geschütz verursacht, was Dr. Rankin, wie man sich wohl vorstellen kann, aufspringen ließ, als hätte man ihn angeschossen.

The Doctor lifted a frowning face and an attentive ear. He heard two pairs of heavy feet clump across the resonant floor of the porch. He heard the house door opened and the visitors enter the hall, with which his cellar communicated by a short flight of steps. He heard whistling and then the voices of Buck and Bud crying, "Doc! Hi, Doc! They're biting!"

Whether the Doctor was not inclined for fishing that day, or whether, like others of his large and heavy type, he experienced an especially sharp, unsociable reaction on being suddenly startled, or whether he was merely anxious to finish undisturbed the job in hand and proceed to more important duties, he did not respond immediately to the inviting outcry of his friends. Instead, he listened while it ran its natural course, dying down at last into a puzzled and fretful dialogue.

"I guess he's out."

"I'll write a note – say we're at the creek, to come on down."

"We could tell Irene."

"But she's not here, either. You'd think *she'd* be around."

"Ought to be, by the look of the place."

"You said it, Bud. Just look at this table. You could write your name –"

"Sh-h-h! Look!"

Evidently the last speaker had noticed that the cellar door was ajar and that a light was shining below. Next moment the door was pushed wide open and Bud and Buck looked down.

"Why, Doc! There you are!"

"Didn't you hear us yelling?"

The Doctor, not too pleased at what he had overheard, nevertheless smiled his rather wooden smile as his two friends made their way down the steps. "I thought I heard someone," he said.

Der Arzt warf einen finstern Blick nach oben und lauschte aufmerksam. Er hörte zwei Paar schwere Füße über den hallenden Boden des Vorbaus trampeln. Er hörte, daß die Haustür geöffnet wurde und daß die Besucher in die Diele traten, mit der sein Keller durch eine kurze Treppe verbunden war. Er hörte ein Pfeifen und dann die Stimmen von Buck und Bud. Sie riefen: «Doktor! He, Doktor! Sie beißen jetzt an!»

Ob der Doktor an jenem Tag zum Angeln keine Lust hatte, oder ob er, wie andere Leute seines großen, schweren Schlags, besonders sauer und ungastlich auf die plötzliche Störung ansprach, oder ob er bloß unbehindert die anstehende Arbeit zu Ende bringen und sich dann wichtigeren Pflichten zuwenden wollte – er antwortete nicht gleich auf das auffordernde Rufen seiner Freunde. Statt dessen lauschte er, während die Unterhaltung ihren natürlichen Verlauf nahm und sich schließlich in einem verdutzten, ärgerlichen Dialog verlor.

«Er ist wohl ausgegangen.»

«Ich schreibe ein paar Zeilen – sage, daß wir am Flüßchen sind und daß er hinunterkommen soll.»

«Wir könnten Irene Bescheid sagen.»

«Aber die ist auch nicht hier. Man möchte meinen, *sie* sei auf Achse.»

«So wie es hier aussieht, sollte man's annehmen.»

«Du hast's gesagt, Bud. Schau dir bloß diesen Tisch an! Man könnte seinen Namen drauf schreiben...»

«Pst! Schau!»

Offensichtlich hatte der andere bemerkt, daß die Kellertür angelehnt war und unten Licht brannte. Im nächsten Augenblick wurde die Tür weit aufgestoßen, und Bud und Buck schauten hinunter.

«Nanu, Doktor! Da bist du ja!»

«Hast du nicht gehört, wie wir gebrüllt haben?»

Der Arzt, nicht übermäßig erfreut über das, was er mitgehört hatte, lächelte dennoch sein ziemlich hölzernes Lächeln, als seine zwei Freunde die Treppe herabkamen. «Ich habe gemeint, jemanden zu hören», sagte er.

"We was bawling our heads off," Buck said. "Thought nobody was home. Where's Irene?"

"Visiting," said the Doctor. "She's gone visiting."

"Hey, what goes on?" said Bud. "What are you doing? Burying one of your patients, or what?"

"Oh, there's been water seeping up through the floor," said the Doctor. "I figured it might be some spring opened up or something."

"You don't say!" said Bud, assuming instantly the high ethical standpoint of the realtor. "Gee, Doc, I sold you this property. Don't say I fixed you up with a dump where there's an underground spring."

"There was water," said the Doctor.

"Yes, but, Doc, you can look on that geological map the Kiwanis Club got up. There's not a better section of subsoil in the town."

"Looks like he sold you a pup," said Buck, grinning.

"No," said Bud. "Look. When the Doc came here he was green. You'll admit he was green. The things he didn't know!"

"He bought Ted Webber's jalopy," said Buck.

"He'd have bought the Jessop place if I'd let him," said Bud. "But I wouldn't give him a bum steer."

"Not the poor, simple city slicker from Poughkeepsie," said Buck.

"Some people would have taken him," said Bud. "Maybe some people did. Not me. I recommended this property. He and Irene moved straight in as soon as they was married. I wouldn't have put the Doc on to a dump where there'd be a spring under the foundations."

"Oh, forget it," said the Doctor, embarrassed by this conscientiousness. "I guess it was just the heavy rains."

«Wir haben uns die Seele aus dem Leib gebrüllt», sagte Buck. «Dachten schon, es sei niemand da. Wo ist Irene?»

«Besucht Freunde», sagte der Arzt. «Sie ist fort, um Freunde zu besuchen.»

«Ei, was geht da vor sich?» fragte Buck. «Was tust du denn da? Begräbst du einen deiner Patienten, oder was?»

«Ach, Wasser dringt durch den Boden herauf», antwortete der Arzt. «Ich dachte, es könnte sich eine Quelle oder irgend sowas aufgetan haben.»

«Was du nicht sagst!» bemerkte Bud, der sofort den erhabenen ethischen Standpunkt des Immobilienmaklers einnahm. «Mensch, Doktor, ich habe dir dieses Grundstück verkauft. Sage bloß nicht, ich hätte dir einen Schuttabladeplatz angedreht, auf dem es eine unterirdische Quelle gibt.»

«Es war Wasser da», sagte der Arzt.

«Ja, aber, Doktor, du kannst die geologische Karte anschauen, die der Kiwanis-Club besorgt hat. Es gibt in der Stadt keinen besseren Untergrundabschnitt.»

«Sieht aus, als hätte er dir ein faules Ei angedreht», bemerkte Buck und grinste.

«Nein», sagte Bud. «Schau! Als der Doktor hierherkam, war er unerfahren. Du wirst zugeben, daß er unerfahren war. Was der alles nicht wußte!»

«Er kaufte Ted Webbers Klapperkiste», bemerkte Buck.

«Er hätte das Jessop-Grundstück gekauft, wenn ich ihn gelassen hätte», sagte Bud. «Aber ich wollte ihn nicht falsch beraten.»

«Nicht den armen, biederen Stadtfrack aus Poughkeepsie», sagte Buck.

«Einige Leute hätten ihn leimen mögen», sagte Bud. «Einige haben es vielleicht getan. Ich nicht. Ich habe dieses Grundstück empfohlen. Er und Irene sind gleich eingezogen, sobald sie verheiratet waren. Ich hätte den Doktor nicht auf einen Schuttabladeplatz gesetzt, unter dem sich eine Quelle befindet.»

«Oh, laß es gut sein!» sagte der Arzt, den diese Gewissenhaftigkeit verlegen machte. «Ich nehme an, daß bloß die heftigen Regenfälle schuld waren.»

"By gosh!" Buck said, glancing at the besmeared point of the pickaxe. "You certainly went deep enough. Right down into the clay, huh?"

"That's four feet down, the clay," Bud said.

"Eighteen inches," said the Doctor.

"Four feet," said Bud. "I can show you on the map."

"Come on. No arguments," said Buck. "How's about it, Doc? An hour or two at the creek, eh? They're biting."

"Can't do it, boys," said the Doctor. "I've got to see a patient or two."

"Aw, live and let live, Doc," Bud said. "Give 'em a chance to get better. Are you going to depopulate the whole darn town?"

The Doctor looked down, smiled, and muttered, as he always did when this particular jest was trotted out. "Sorry, boys," he said. "I can't make it."

"Well," said Bud, disappointed, "I suppose we'd better get along. How's Irene?"

"Irene?" said the Doctor. "Never better. She's gone visiting. Albany. Got the eleven-o'clock train."

"Eleven o'clock?" said Buck. "For Albany?"

"Did I say Albany?" said the Doctor. "Watertown, I meant."

"Friends in Watertown?" Buck asked.

"Mrs Slater," said the Doctor. "Mr and Mrs Slater. Lived next door to 'em when she was a kid, Irene said, over on Sycamore Street."

"Slater?" said Bud. "Next door to Irene. No."

"Oh, yes," said the Doctor. "She was telling me all about them last night. She got a letter. Seems this Mrs Slater looked after her when her mother was in the hospital one time."

"No," said Bud.

"That's what she told me," said the Doctor. "Of course, it was a good many years ago."

«Mein Gott!» rief Buck und starrte auf die verschmierte Spitze des Pickels. «Du hast doch sicher tief genug gegraben. Bis hinunter in die Tonschicht, hm?»

«Der ist in vier Fuß Tiefe, der Ton», sagte Bud.

«Eineinhalb Fuß», sagte der Arzt.

«Vier Fuß», sagte Bud. «Ich kann dir's auf der Karte zeigen.»

«Nur sachte! Keine Streitereien!» sagte Buck. «Wie steht's damit, Doktor? Ein, zwei Stunden am Fluß, ja? Sie beißen jetzt an.»

«Geht nicht, Jungs», antwortete der Arzt. «Ich muß einen oder zwei Patienten besuchen.»

«Ach was, leben und leben lassen, Doktor!» sagte Bud. «Gib ihnen eine Möglichkeit, sich zu erholen! Willst du denn die ganze verdammte Stadt entvölkern?»

Der Arzt schlug die Augen nieder, lächelte und murmelte, wie immer, wenn gerade dieser Jux vom Stapel gelassen wurde. «Tut mir leid, Jungs», sagte er. «Es geht nicht.»

«Nun», antwortete Bud, enttäuscht. «Ich nehme an, es ist besser, wir verschwinden. Wie geht's Irene?»

«Irene?» sagte der Arzt. «Bestens. Sie besucht Freunde. In Albany. Hat den 11-Uhr-Zug genommen.»

«Elf Uhr?» fragte Buck. «Nach Albany?»

«Habe ich Albany gesagt?» erwiderte der Arzt. «Watertown meinte ich.»

«Freundinnen in Watertown?» fragte Buck.

«Mrs Slater», antwortete der Arzt. «Mr und Mrs Slater. Waren ihre unmittelbaren Nachbarn, als sie ein Kind war, sagte Irene, drüben in der Platanenstraße.»

«Slater?» wiederholte Bud. «Unmittelbare Nachbarn von Irene? Nein.»

«Oh ja», sagte der Arzt. «Gestern abend hat sie mir alles von denen erzählt. Sie hat einen Brief bekommen. Diese Mrs Slater hat sich anscheinend um sie gekümmert, als ihre Mutter einmal im Krankenhaus lag.»

«Nein», entgegnete Bud.

«Das hat sie mir erzählt», sagte der Arzt. «Natürlich war das vor ziemlich vielen Jahren.»

"Look, Doc," said Buck. "Bud and I were raised in this town. We've known Irene's folks all our lives. We were in and out of their house all the time. There was never anybody next door called Slater."

"Perhaps," said the Doctor, "she married again, this woman. Perhaps it was a different name."

Bud shook his head.

"What time did Irene go to the station?" Buck asked.

"Oh, about a quarter of an hour ago," said the Doctor.

"You didn't drive her?" said Buck.

"She walked," said the Doctor.

"We came down Main Street," Buck said. "We didn't meet her."

"Maybe she walked across the pasture," said the Doctor.

"That's a tough walk with a suitcase," said Buck.

"She just had a couple of things in a little bag," sad the Doctor.

Bud was still shaking his head.

Buck looked at Bud, and then at the pick, at the new, damp cement on the floor. "Jesus Christ!" he said.

"Oh, God, Doc!" Bud said. "A guy like you!"

"What in the name of heaven are you two bloody fools thinking?" asked the Doctor. "What are you trying to say?"

"A spring!" said Bud. "I ought to have known right away it wasn't any spring."

The Doctor looked at his cementwork, at the pick, at the large, worried faces of his two friends. His own face turned livid. "Am I crazy?" he said. "Or are you? You suggest that I've – that Irene – my wife – oh, go on! Get out! Yes, go and get the sheriff. Tell him to come here and start digging. You – get out!"

«Paß mal auf, Doktor», sprach Buck. «Bud und ich sind in dieser Stadt aufgewachsen. Wir kennen Irenes Angehörige, seit wir leben. Die ganze Zeit sind wir bei denen ein- und ausgegangen. Es gab nie jemanden in der Nachbarschaft, der Slater hieß.»

«Vielleicht hat die Frau wieder geheiratet», sagte der Arzt. «Vielleicht war der Name anders.»

Bud schüttelte den Kopf.

«Um wieviel Uhr ist denn Irene zur Bahn gegangen?» fragte Buck.

«Oh, ungefähr vor einer Viertelstunde», antwortete der Arzt.

«Du hast sie nicht gefahren?» fragte Buck.

«Sie ging zu Fuß», sagte der Doktor.

«Wir kamen die Hauptstraße herunter», sagte Buck, «und sind ihr nicht begegnet.»

«Vielleicht ist sie über die Weide gegangen», sagte der Arzt.

«Mit einem Koffer ist das ein anstrengender Weg», sagte Buck.

«Sie hatte bloß ein paar Sachen in einem Täschchen», sagte der Doktor.

Bud schüttelte noch immer den Kopf.

Buck sah Bud an, blickte dann auf den Pickel und auf den neuen, feuchten Zement des Fußbodens. «Ach, du lieber Himmel!» seufzte er.

«Oh Gott, Doktor!» sagte Bud. «Ein Kerl wie du!»

«Was, zum Kuckuck, glaubt ihr zwei verdammten Narren eigentlich?» fragte der Arzt. «Was wollt ihr damit sagen?»

«Eine Quelle!» sagte Bud. «Ich hätte ja gleich wissen sollen, daß das keine Quelle war.»

Der Doktor betrachtete seine Zementarbeit, den Pickel, die langen, kummervollen Gesichter seiner beiden Freunde. Er wurde selber blaß. «Bin ich verrückt?» fragte er. «Oder seid ihr es? Ihr deutet an, daß Irene... daß ich meine Frau... oh, nur zu! Hinaus mit euch! Ja, verschwindet und holt den Sheriff! Sagt ihm, er soll herkommen und zu buddeln anfangen. Ihr aber – hinaus mit euch!»

Bud and Buck looked at each other, shifted their feet, and stood still again.

"Go on," said the Doctor.

"I don't know," said Bud.

"It's not as if he didn't have the provocation," Buck said.

"God knows," Bud said.

"God knows," Buck said. "You know. I know. The whole town knows. But try telling it to a jury."

The Doctor put his hand to his head. "What's that?" he said. "What is it? Now what are you saying? What do you mean?"

"If this ain't being on the spot!" said Buck. "Doc, you can see how it is. It takes some thinking. We've been friends right from the start. Damn good friends."

"But we've got to think," said Bud. "It's serious. Provocation or not, there's a law in the land. There's such a thing as being an accomplice."

"You were talking about provocation," said the Doctor.

"You're right," said Buck. "And you're our friend. And if ever it could be called justified —"

"We've got to fix this somehow," said Bud.

"Justified?" said the Doctor.

"You were bound to get wised up sooner or later," said Buck.

"We could have told you," said Bud. "Only — what the hell?"

"We could," said Buck. "And we nearly did. Five years ago. Before ever you married her. You hadn't been here six months, but we sort of cottoned to you. Thought of giving you a hint. Spoke about it. Remember Bud?"

Bud nodded. "Funny," he said. "I came right out in the open about that Jessop property. I

Bud und Buck sahen sich gegenseitig an, traten von einem Fuß auf den andern und blieben wieder still stehen.

«Na los, weiter!» sagte der Arzt.

«Ich weiß nicht», antwortete Bud.

«Es ist ja nicht so, als ob er keine Veranlassung gehabt hätte», sagte Buck.

«Weiß Gott!» sagte Bud.

«Weiß Gott!» sagte Buck. «Du weißt es. Ich weiß es. Die ganze Stadt weiß es. Aber versuch' mal, es einem Geschworenengericht zu erzählen.»

Der Arzt schlug sich mit der Hand an den Kopf. «Worum geht es eigentlich?» fragte er. «Worum geht's? Was wollt ihr jetzt sagen? Was meint ihr?»

«Wenn das nicht eine verzwickte Sache ist!» antwortete Buck. «Doktor, du kannst jetzt mal sehen, wie es ist. Es braucht ein wenig Überlegung. Wir sind doch von Anfang an gute Freunde gewesen. Verdammt gute Freunde.»

«Aber wir müssen nachdenken. Es ist ernst», sagte Bud. «Kränkung oder nicht, es besteht ein Gesetz hierzulande. Es gibt so etwas wie den Tatbestand der Komplizenschaft.»

«Ihr habt von einer Veranlassung gesprochen», sagte der Arzt.

«Stimmt», antwortete Buck. «Und du bist unser Freund. Und wenn es jemals als gerechtfertigt bezeichnet werden könnte...»

«Irgendwie müssen wir es hinkriegen», sagte Bud.

«Gerechtfertigt?» fragte der Doktor.

«Früher oder später mußten dir ja die Augen geöffnet werden», sagte Buck.

«Wir hätten's dir sagen können», meinte Bud. «Nur – was zum Teufel?»

«Wir hätten's sagen können», sagte Bud. «Und beinahe hätten wir's getan. Vor fünf Jahren. Ehe du sie geheiratet hast. Du warst noch kein halbes Jahr hier, als wir uns gewissermaßen anfreundeten. Dachten daran, dir einen Wink zu geben. Sprachen darüber. Erinnerst du dich, Bud?»

Bud nickte. «Seltsam», sagte er. «Mit meiner Ansicht über das Jessop-Grundstück bin ich damals gleich heraus-

wouldn't let you buy that, Doc. But getting married, that's something else again. We could have told you."

"We're that much responsible," Buck said.

"I'm fifty," said the Doctor. "I suppose it's pretty old for Irene."

"If you was Johnny Weissmuller at the age of twenty-one, it wouldn't make any difference," said Buck.

"I know a lot of people think she's not exactly a perfect wife," said the Doctor. "Maybe she's not. She's young. She's full of life."

"Oh, skip it!" said Buck sharply, looking at the raw cement. "Skip it, Doc, for God's sake."

The Doctor brushed his hand across his face. "Not everybody wants the same thing," he said. "I'm a sort of dry fellow. I don't open up very easily. Irene – you'd call her gay."

"You said it," said Buck.

"She's no housekeeper," said the Doctor. "I know it. But that's not the only thing a man wants. She's enjoyed herself."

"Yeah," said Buck. "She did."

"That's what I love," said the Doctor. "Because I'm not that way myself. She's not very deep, mentally. All right. Say she's stupid. I don't care. Lazy. No system. Well, I've got plenty of system. She's enjoyed herself. It's beautiful. It's innocent. Like a child."

"Yes. If that was all," Buck said.

"But," said the Doctor, turning his eyes full on him, "you seem to know there was more."

"Everybody knows it," said Buck.

"A decent, straightforward guy comes to a place like this and marries the town floozy," Bud said bitterly. "And nobody'll tell him. Everybody just watches."

gerückt. Ich wollte nicht, daß du es kaufst, Doktor. Aber mit dem Heiraten ist es anders. Wir hätten dir Bescheid sagen können.»

«Insoweit sind wir mitverantwortlich», sagte Buck.

«Ich bin fünfzig», sagte der Arzt. «Wahrscheinlich ist das für Irene ziemlich alt.»

«Und wenn du Johnny Weissmuller im Alter von einundzwanzig wärst, würde es nicht anders sein», entgegnete Buck.

«Ich kenne manche Leute, die der Ansicht sind, sie sei nicht gerade eine vollkommene Ehefrau», sagte der Arzt. «Vielleicht stimmt das. Sie ist jung. Sie ist voller Leben.»

«Oh, Schwamm drüber!» sagte Buck scharf und schaute auf den rohen Zement. «Schwamm drüber, Doktor, um Himmels willen!»

Der Arzt fuhr mit der Hand über das Gesicht. «Nicht jeder wünscht sich dasselbe», bemerkte er. «Ich bin so was wie ein trockener Bursche. Ich gehe nicht sehr leicht aus mir heraus. Irene – man würde sie als heiter bezeichnen.»

«So ist's», sagte Buck.

«Sie ist keine Hausfrau», gab der Arzt zu. «Ich weiß es. Aber das ist nicht das einzige, was sich ein Mann wünscht. Sie hat sich vergnügt.»

«Ja», sagte Buck. «Das hat sie.»

«Ich hab' das gern», sagte der Arzt. «Weil ich selber nicht so bin. Sie ist nicht sehr tiefschürfend, geistig. In Ordnung. Ihr mögt sagen, sie sei dumm. Das ist mir gleich. Träge. Keine Ordnung. Schön, ich habe genug Ordnung. Sie hat sich vergnügt. Das ist schön. Das ist harmlos. Wie ein Kind.»

«Ja. Wenn das alles wäre», sagte Buck.

«Aber», sagte der Arzt und wandte seinen Blick ganz ihm zu, «du weißt anscheinend, daß da mehr war.»

«Das weiß jeder», antwortete Buck.

«Ein anständiger, offenherziger Bursche kommt in einen Ort wie diesen und heiratet die Stadtschnepfe», bemerkte Bud bitter. «Und niemand klärt ihn auf. Jeder schaut bloß zu.»

"And laughs," said Buck. "You and me, Bud, as well as the rest."

"We told her to watch her step," said Bud. "We warned her."

"Everybody warned her," said Buck. "But people get fed up. When it got to truck-drivers —"

"It was never us, Doc," said Bud, earnestly. "Not after you came along, anyway."

"The town'll be on your side," said Buck.

"That won't mean much when the case comes to trial in the county seat," said Bud.

"Oh!" cried the Doctor, suddenly. "What shall I do? What shall I do?"

"It's up to you, Bud," said Buck. "I can't turn him in."

"Take it easy, Doc," said Bud. "Calm down. Look, Buck. When we came in here the street was empty, wasn't it?"

"I guess so," said Buck. "Anyway, nobody saw us come down cellar."

"And we haven't been down," Bud said, addressing himself forcefully to the Doctor. "Get that, Doc? We shouted upstairs, hung around a minute or two, and cleared out. But we never came down into this cellar."

"I wish you hadn't," the Doctor said heavily.

"All you have to do is say Irene went out for a walk and never came back," said Buck. "Bud and I can swear we saw her headed out of town with a fellow in a tan roadster. Everybody'll believe that, all right. We'll fix it. But later. Now we'd better scram."

"And remember. We was never down here," Bud said. "So long."

Buck and Bud ascended the steps, moving with a rather absurd degree of caution. "You'd better get that. . . that thing covered up," Buck said over his shoulder.

«Und lacht», fügte Buck hinzu. «Du und ich, Bud, genau so wie die anderen.»

«Wir sagten ihr: ‹Paß auf, was du tust!›», sagte Bud. «Wir warnten sie.»

«Jeder warnte sie», sagte Buck. «Aber man kriegt es satt. Als Lastwagenfahrer dazukamen...»

«Wir waren nie dabei, Doktor», sagte Bud ernsthaft. «Jedenfalls nicht, nachdem du aufgekreuzt bist.»

«Die Stadt wird auf deiner Seite sein», sagte Buck.

«Das hat nicht viel zu sagen, wenn der Fall in der Kreishauptstadt zur Verhandlung kommt», meinte Bud.

«Oh!» rief der Arzt ganz plötzlich. «Was soll ich tun? Was soll ich tun?»

«Das hängt von dir ab, Bud», sagte Buck. «Ich kann ihn nicht anzeigen.»

«Nur keine Bange, Doktor!» beschwichtigte Bud. «Immer mit der Ruhe! Schau, Buck. Als wir hier hereinkamen, war kein Mensch auf der Straße. Stimmt's?»

«Ich glaube, ja», antwortete Buck. «Jedenfalls sah uns niemand in den Keller runtergehen.»

«Also: wir waren nicht unten», sagte Bud, wobei er sich eindringlich an den Arzt wandte. «Ist das klar, Doktor? Wir riefen oben, drückten uns ein, zwei Minuten herum und verdufteten. Aber wir kamen nie in diesen Keller.»

«Ich wollte, ihr wäret nicht gekommen», sagte der Arzt heftig.

«Du brauchst bloß zu sagen, daß Irene ausging, um einen Spaziergang zu machen und daß sie nie zurückkam. Bud und ich können schwören, daß wir sie in einem gelbbraunen offenen Sportzweisitzer mit einem Kerl zur Stadt hinausfahren sahen. Das wird jeder glauben, schön. Wir werden es hinkriegen. Aber später. Jetzt sollten wir lieber abhauen.»

«Und denk daran! Wir waren nie hier unten», bemerkte Bud noch. «Bis bald!»

Buck und Bud gingen die Treppe hinauf und bewegten sich mit einem ziemlich albernen Maß an Vorsicht. «Man sollte lieber diese... diese Geschichte vertuschen», sagte Buck über die Schulter hinweg.

Left alone, the Doctor sat down on an empty box, holding his head with both hands. He was still sitting like this when the porch door slammed again. This time he did not start. He listened. The house door opened and closed. A voice cried, "Yoo-hoo! Yoo-hoo! I'm back."

The Doctor rose slowly to his feet. "I'm down here, Irene!" he called.

The cellar door opened. A young woman stood at the head of the steps. "Can you beat it?" she said. "I missed the damn train."

"Oh!" said the Doctor. "Did you come back across the field?"

"Yes, like a fool," she said. "I could have hitched a ride and caught the train up the line. Only I didn't think. If you'd run me over to the junction, I could still make it."

"Maybe," said the Doctor. "Did you meet anyone coming back?"

"Not a soul," she said. "Aren't you finished with that old job yet?"

"I'm afraid I'll have to take it all up again," said the Doctor. "Come down here, my dear, and I'll show you."

Allein gelassen, setzte sich der Arzt auf eine leere Kiste und hielt sich den Kopf mit beiden Händen. So saß er noch da, als die Tür des Vorbaus wieder zugeschlagen wurde. Diesmal fuhr er nicht in die Höhe. Er lauschte. Die Haustür ging auf und wurde geschlossen. Eine Stimme rief: «Juhu! Juhu! ich bin zurück.»

Langsam erhob sich der Arzt. «Ich bin hier unten, Irene!» rief er.

Die Kellertür ging auf. Eine junge Frau stand am oberen Treppenabsatz. «Das schlägt dem Faß den Boden aus!» sagte sie. «Ich habe den verdammten Zug versäumt.»

«Oh!» antwortete der Arzt. «Bist du über das Feld zurückgekommen?»

«Ja, blöderweise», sagte sie. «Ich hätte per Anhalter fahren und den Zug in die Stadt erwischen können. Nur habe ich nicht daran gedacht. Wenn du mich zur Anschlußstation gefahren hättest, wäre es zu schaffen gewesen.»

«Vielleicht», sagte der Arzt. «Hast du auf dem Rückweg jemanden getroffen?»

«Keine Menschenseele», sagte sie. «Bist du mit dieser alten Arbeit noch nicht fertig?»

«Ich fürchte, ich werde mit allem von vorn anfangen müssen», antwortete der Doktor. «Komm hier herunter, meine Liebe, und ich werde es dir zeigen.»

Rona Jaffe: Trompe-l'Œil

There are very few crimes of passion in North America; it is neither our heritage nor our habit to be publicly passionate, even for an instant. There is an occasional scandal, but when all the evidence is assembled, the plot reveals itself as so elaborate, the weapons of destruction so profuse, that one wonders where, in all this guilty planning, there was time for passion at all. There is, of course, a sexual relationship in each of these tragedies. Since it is illicit, the outsiders like to imagine the relationship had some sort of superhuman emotional ferocity. So, in the end, one sometimes wonders whether the murderer was electrocuted for adultery or the adulterer was electrocuted for murder. In this temperate climate, the crime is passion itself.

In New York City, a thirty-year-old woman named Evelyn Perry lived alone in a two-and-a-half-room apartment in a reconverted brownstone in the East Sixties. She was pleasant looking, with brown hair, hazel eyes, pale skin, and the kind of forgettable face that women often have when they have no discernible defects. People often told her she resembled Jeanne Crain, Deanna Durbin, Marisa Pavan, or "my best friend back home – but *exactly!*" She had come to New York eight years before from Omaha, Nebraska, where she still had parents and a younger sister who was married to a court stenographer.

For the first four years of her residence in New York, Evelyn Perry had shared an apartment with two other girls; not the same two girls, but a procession of them, who left to marry, to go home, or to live alone. She was employed as a secretary in the advertising department of a

Die Illusionstapete

In Nordamerika gibt es sehr wenige Verbrechen aus Leidenschaft; es paßt weder zu unserer Veranlagung noch zu unserer Gewohnheit, sich in der Öffentlichkeit leidenschaftlich zu betragen, und sei es nur für einen Augenblick. Gelegentlich ereignet sich ein aufsehenerregender Vorfall, doch wenn alle Beweismittel zusammengetragen sind, stellt sich die Tat als so sorgfältig vorbereitet dar und die Tötungswaffen als so unverhältnismäßig, daß man sich fragt, wo bei all dieser verbrecherischen Planung überhaupt Zeit für Leidenschaft blieb. Natürlich gibt es in jeder dieser Tragödien eine sexuelle Beziehung. Da sie gesetzwidrig ist, malen sich die Außenstehenden gern aus, die Beziehung sei irgendwie von übermenschlicher Wildheit des Gefühls geprägt. Zum Schluß fragt man sich deshalb manchmal, ob der Mörder wegen Ehebruchs oder der Ehebrecher wegen Mordes auf dem elektrischen Stuhl landete. In diesem gemäßigten Klima ist das Verbrechen schon die Leidenschaft selbst.

In New York City bewohnte eine dreißigjährige Frau namens Evelyn Perry allein eine Zweieinhalbzimmerwohnung in einem umgebauten Sandsteinhaus der östlichen Sechzigerstraßen. Sie sah freundlich aus, hatte braunes Haar, nußbraune Augen, helle Haut und jene Art von nichtssagendem Gesicht, das Frauen oft haben, wenn sie keine erkennbaren Mängel aufweisen. Man sagte oft zu ihr, sie sähe Jeanne Crain, Deanna Durbin, Marisa Pavan oder «meiner besten Freundin bei mir zu Hause» ähnlich – «aber *genau*!» Nach New York war sie acht Jahre zuvor aus Omaha in Nebraska gekommen, wo sie noch ihre Eltern und eine mit einem Gerichtsstenographen verheiratete jüngere Schwester hatte.

Während der ersten vier Jahre, die Evelyn Perry in New York lebte, hatte sie sich mit zwei anderen Mädchen eine Wohnung geteilt; nicht immer mit den gleichen beiden, sondern nacheinander mit einer ganzen Reihe von Mädchen, die auszogen, um zu heiraten oder um nach Hause zu gehen oder um alleine zu leben. Sie war als Sekretärin in

home-furnishings magazine, and finally, when she could afford it, she decided to get her own apartment. Solitary living seemed a more normal life, particularly since the supply of roommates was beginning to come from more and more casual sources, such as the friend of a friend; the last roommate had moved on with most of Evelyn Perry's clothes in her suitcases.

The first year of living by herself was a new pleasure; the cleanliness, the quiet, the independence, the acquisition of pretty things that belonged to no one else. *My* red casserole, to cook *my* chicken rosemary, for *my* supper. But it was a phase of delight that gradually paled. The second step was entertaining friends. After a year, this, too, lost its glittering bridal quality, since she had few friends, and eventually it seemed more like dredging up the nightly nourishment for the family than like giving a party. It was a Cinderella family that vanished at midnight.

Often, as she approached thirty, it occurred to Evelyn Perry that her couch, which converted into a double bed with a single pillow at the center of the headboard, was less a sign of solitary luxury than a marker of defeat. It did not mean that she was a celibate; it simply meant that this bed was not a place where two people slept together at night. Love was investigation, search, indiscretion, stimulation, or even, occasionally, embarrassing boredom, but never what she wanted it to be. All the years passed as one, divided only by the seasons and names of semi-annual lovers.

More and more, during the winter of her eighth career year in New York, she felt she was drawing into herself – waiting, hovering, as self-contained and blind as a flower wrapped in

der Werbeabteilung einer Zeitschrift für Inneneinrichtung beschäftigt, und als sie es sich endlich leisten konnte, beschloß sie, sich eine eigene Wohnung zu nehmen. Das Leben als Alleinstehende schien ihr ein natürlicheres Leben zu sein, besonders weil der Nachschub an Zimmerkameradinnen allmählich immer mehr vom Zufall abhing (zum Beispiel der Freundin einer Freundin); die letzte war mit den meisten von Evelyn Perrys Kleidern in ihren Koffern umgezogen.

Das erste Jahr des Alleinlebens war ein neues Vergnügen: die Sauberkeit, die Ruhe, die Unabhängigkeit, der Erwerb hübscher Dinge, die niemandem sonst gehörten. *Mein* roter Schmortopf, um *mein* Huhn mit Rosmarin für *mein* Abendessen zu kochen. Aber es war eine köstliche Zeit, die nach und nach an Reiz verlor. Der zweite Schritt war die Bewirtung von Freunden. Nach einem Jahr verlor auch das den Glanz des Neuen, da sie ja wenige Freunde hatte, und schließlich ähnelte es weniger einer Einladung als vielmehr dem Hochschleppen der Abendverpflegung für eine Familie – sie war das Aschenputtel, dessen Familie um Mitternacht verschwand.

Als Evelyn auf die Dreißig zuging, geschah es oft, daß die Couch, die sich in ein Doppelbett mit einem einzigen Kissen in der Mitte des Kopfendes verwandeln ließ, für sie weniger ein Zeichen einsamen Wohllebens war als vielmehr das Merkmal einer Niederlage. Es besagte nicht, daß sie wie eine Junggesellin lebte, es besagte einfach, daß dieses Bett kein Ort war, an dem zwei Menschen nachts zusammen schliefen. Liebe: das war Nachforschung, Überprüfung, Vertrauensbruch, Anreiz oder gelegentlich sogar peinliche Langeweile, aber nie das, was Evelyn sich erhoffte. All die Jahre erschienen ihr wie ein einziges, nur durch die Jahreszeiten gegliedert und die Namen halbjährlich wechselnder Liebhaber.

Immer mehr spürte sie während des Winters ihres achten Berufsjahres in New York, daß sie sich in sich selber verkroch – wartend und schwankend, so verschlossen und verborgen wie eine Blüte in ihrer Knospe. Um sie herum

its bud. Around her was quiet, loneliness, and within was a rage of color and life that was hardly aware of its own existence. That other life erupted in dreams which were forgotten in the morning, their colors trailing off into fragments like one petal left on the bedclothes.

Evelyn Perry rode the Lexington Avenue bus reading the morning tabloids, she ate lunch in the restaurant in her office building, and, at night, she stopped off at a grocery store to buy her supper. On Saturdays and Sundays, she cleaned her apartment, quietly, painstakingly, picking a dead match out of a clean ashtray, folding the bath towels on their rack so all the edges were tucked inside. On Saturday mornings, she closed up her convertible bed and arranged the cushions neatly upon it; on Sunday nights, she opened it again, unseen by anyone but herself all through the day, and went to sleep. This life was not restful; she burned from within, but she looked pale, and she was not pretty. This burning within the soul does not make a princess of anyone, despite romantic notions to the contrary; the eyes grow dull from gazing inward at the holocaust.

On the long, quiet evenings during the week, Evelyn Perry's favorite place had become, for a peculiar reason, her kitchen. The kitchen of this apartment, like the kitchens of many New York apartments, was so tiny and cramped that in order to make it bearable she had installed a device to deceive and please the eye: *trompe-l'œil* wallpaper on the far wall, depicting a scene as if viewed from a small balcony. Working at ahome-furnishings magazine, she had been able to buy the paper wholesale; it was very expensive and the view almost looked real. The scene was the curving beach and varicolored sea of Copaca-

herrschte Stille, Einsamkeit, und in ihr ein Rausch von Farbe und Leben, der sich kaum seines eigenen Daseins bewußt war. Jenes andere Leben kam in Träumen zum Ausbruch, die am Morgen vergessen waren und deren Farben sich in Bruchstücke auflösten wie ein Blumenblatt, das auf der Bettwäsche liegen geblieben ist.

Evelyn Perry fuhr mit dem Bus auf der Lexington Avenue und las währenddessen die morgendlichen Bildzeitungen; das Mittagessen nahm sie im Restaurant ihres Bürogebäudes ein, und abends stieg sie bei einem Lebensmittelgeschäft aus, um das Abendbrot zu kaufen. Jeweils am Samstag und Sonntag machte sie ihre Wohnung sauber, ruhig, gründlich, klaubte ein abgebranntes Streichholz aus einem gereinigten Aschenbecher und faltete die Badetücher auf ihrem Ständer so, daß alle Ecken nach innen gesteckt waren.

Am Sonntagmorgen machte sie ihr Klappbett zu und legte die Kissen oben drauf ordentlich zurecht; am Sonntagabend öffnete sie es wieder – niemand außer ihr hatte es den ganzen Tag über gesehen – und ging schlafen. Dieses Leben war nicht erholsam; sie brannte von innen heraus, wirkte aber blaß und war nicht hübsch. Dieses Brennen in der Seele macht aus niemandem eine Prinzessin, trotz gegenteiliger romantischer Vorstellungen; die Augen werden matt, weil sie nach innen auf den Brand starren.

An den langen, ruhigen Abenden während der Woche war die Küche aus einem bestimmten Grund Evelyns Lieblingsplatz geworden. Sie war, wie die Küchen vieler Wohnungen in New York, so winzig und eng, daß Evelyn, um sie erträglich zu gestalten, ein Bild angebracht hatte, um das Auge zu täuschen und zu erfreuen: an der gegenüberliegenden Wand eine Illusionstapete, die eine Landschaft so darstellte, als würde man sie von einem kleinen Balkon aus betrachten. Da Evelyn bei einer Zeitschrift für Inneneinrichtung arbeitete, hatte sie die Tapete zum Großhandelspreis einkaufen können; sie war sehr teuer, und die Landschaft sah fast echt aus. Der Schauplatz war der geschwungene Strand und das farbenprächtige Meer der Copacabana in

bana Beach in Rio de Janeiro. In the distance were misty purple mountains. Closer up were white, modern apartment buildings in a row along the curve of pale sand. To complete the illusion of space and air, she had hired a carpenter to make a shelf jutting inward from the printed railing, as if it were a little table on the balcony, and she could sit at this shelf or table and dine facing the sea. It was such a realistic and refreshing scene that one never got the impression one was merely sitting like a punished child facing the wall.

The one detail the artist had forgotten was people. It was a beach without inhabitants, a Robinson Crusoe beach in the middle of a busy resort city. But it was easy enough to imagine, in the mornings while she drank her coffee before rushing off to work, that it was still too early for anyone to come to the beach, and at night she could pretend it was too late. She pretended that she lived in one of those white, tall apartment houses, perhaps on a low floor where she was closer to the brightness of life, and this was her balcony and each morning was the start of her day in Rio. She would be working in a little office somewhere, and on week-ends she would swim and lie in the sun. She would not be lonely because there would be many foreigners in the city, and they would all speak to her, being as lonely as she was. There would be ardent Latin men.

She had read a few articles about Brazil in fashion magazines, and one day she bought an elementary Portuguese instruction book, because it seemed to open up that world a little more. She studied the book (instead of her tabloids) on the bus in a desultory manner. Then, at night, she would sit in her kitchenette with the ceiling-light off, one lamp lighted in the living room

Rio de Janeiro. In der Ferne ragten leicht nebelverhangene, purpurrote Berge auf. Mehr in der Nähe standen entlang dem gekrümmten hellen Sandstrand weiße, moderne Mietshäuser in einer Reihe. Um den Schein von Raum und Luft zu vervollständigen, hatte Evelyn einen Zimmermann angeheuert, damit er ihr ein Wandbrett anfertigte, das von dem gedruckten Geländer nach innen springt, als wäre es ein Tischchen auf dem Balkon, und sie konnte an diesem Sims oder Tisch sitzen und mit Blick auf die See speisen. Es war eine so wirklichkeitsnahe und erfrischende Landschaft, daß man nie den Eindruck gewann, man säße bloß wie ein bestraftes Kind der Wand gegenüber.

Das einzige, was der Künstler vergessen hatte, waren die Leute. Es war ein Strand ohne Menschen, ein Robinson-Crusoe-Strand inmitten eines belebten Erholungsortes. Aber man konnte sich ganz leicht vorstellen, daß es, wenn Evelyn morgens Kaffee trank, ehe sie zur Arbeit eilte, für jedermann noch zu früh war, an den Strand zu gehen, und abends konnte sie sich einreden, es sei zu spät dafür. Sie stellte sich vor, sie wohne in einem dieser weißen, hohen Mietshäuser, vielleicht in einem der unteren Stockwerke, wo sie dem glanzvollen Leben näher war;

          sie tat, als sei dies ihr Balkon und jeder Morgen der Beginn ihres Tages in Rio. Sie würde, bildete sie sich ein, irgendwo in einem kleinen Büro arbeiten und an Wochenenden schwimmen und in der Sonne liegen. Sie wäre nicht einsam, weil es viele Fremde in der Stadt gäbe, und sie alle würden mit ihr sprechen, da sie ebenso einsam wären wie sie. Es gäbe feurige Südamerikaner.

In Modezeitschriften hatte sie ein paar Beiträge über Brasilien gelesen, und eines Tages kaufte sie sich ein Portugiesisch-Lehrbuch für Anfänger, weil es diese Welt ein bißchen mehr zu erschließen schien. Sie befaßte sich planlos mit dem Buch (anstatt mit ihren Morgenblättchen) im Bus. Abends saß sie dann meistens in ihrer Kochnische; die Deckenleuchte blieb ausgeschaltet, eine Lampe hinter ihr im Wohnzimmer brannte – und Evelyn pflegte auf Strand

at her back, and she would gaze down at that beach and sea, all silvered in the moonlight.

Everything was still. The surf at the edge of the white sand was white, too, and lifted in the air like blown lace. There were little lights glittering in the buildings. She wondered if people were having parties, there in those lighted rooms. Below, on the sand, she saw small shapes that might have been lovers wandering there by the edge of the ocean under the stars.

At night the world had its own mysterious life; fish swam in the sea, invisible but living, and people moved in those dark, hidden streets, hand-in-hand. Life waited for her in the darkness. Looking down from her balcony, Evelyn Perry felt her scalp prickle; at the roots of her hair there was a chill that spread through her whole body. She felt a terrible poignance as she leaned there on her railing under the sky, as insignificant as anyone who had ever stared out at night at the curve of the universe. Hours passed at times, and she did not move, watching the lovers on the sand and the great world above them; and when she went to bed, she slept immediately and deeply.

At the office during the day, she was quiet. She had never liked her job; it was boring, and she had been at the same desk for eight years. She could do most of her typing without thinking. Some days, she folded circulars and put them into envelopes. In the evenings, she came directly home from the office in the winter's early darkness to the summer beneath her balcony.

There was a certain couple who came to the beach often at night, sometimes twice a week. They arrived separately, at a designated place below, met furtively, and did not stay more than an hour. The woman was well-dressed and love-

und Meer hinunterzublicken, die ganz silbrig im Mondlicht erglänzten.

Alles war still. Auch die Brandung am Rande des hellen Sandes schimmerte silbrig und stieg hoch wie gebauschte Spitze. In den Gebäuden funkelten kleine Lichter.

Evelyn fragte sich, ob die Leute dort in den beleuchteten Häusern Gäste eingeladen hatten. Unten, auf dem Sand, sah sie zierliche Gestalten; es hätten Verliebte sein können, die am Meer entlang unter den Sternen wandelten.

Nachts hatte die Welt ihr eigenes geheimnisvolles Leben; Fische schwammen im Meer, unsichtbar, aber lebendig, und Menschen bewegten sich, Hand in Hand, in den dunklen, versteckten Straßen. Auf sie, Evelyn Perry, wartete in der Dunkelheit das Leben. Wenn sie von ihrem Balkon hinabschaute, spürte sie ein Prickeln auf der Kopfhaut; in ihren Haarwurzeln war ein Frösteln, das ihren ganzen Körper durchzog. Sie empfand eine fürchterliche Bitterkeit, wenn sie da an ihrem Geländer unter dem Himmel lehnte, so unbedeutend wie nur irgend jemand, der jemals nachts auf die Wölbung des Alls hinausgeblickt hatte. Mitunter vergingen Stunden, ohne daß sie sich bewegte; sie beobachtete die Liebespaare auf dem Sandstrand und das Weltall über ihnen; und wenn sie zu Bett ging, versank sie sofort in tiefen Schlaf.

Tagsüber im Büro war sie ausgeglichen. Sie hatte ihre Arbeit, die langweilig war, nie geliebt; acht Jahre lang hatte sie am gleichen Schreibtisch gesessen. Das meiste konnte sie tippen, ohne zu überlegen. An manchen Tagen faltete sie Rundschreiben und steckte sie in Briefumschläge. Abends kam sie, wenn es im Winter früh dunkel wurde, aus ihrem Büro unmittelbar in den Sommer unter ihrem Balkon nach Hause.

Oft tauchte abends ein bestimmtes Paar am Strand auf, bisweilen zweimal in der Woche. Sie erschienen getrennt, an einer bestimmten Stelle da unten, trafen sich heimlich und blieben nicht länger als eine Stunde. Die Frau war gut gekleidet und schön, der Mann groß und stark, und ihre

ly, the man tall and strong, and their encounters passionate. She wondered sometimes if it were her right to watch something so personal, lurking there jealously in the semi-darkness. Was there not something obscene, something both pathetic and vile, about a Peeping Tom? But what about exhibitionists? If people paraded their passions on the beach, they could not expect privacy, even in the moonlight. For the first time, the enormity of her loneliness overwhelmed her, and she clenched her fists against her eyes, shuddering, and wept without tears. Useless and lonely, lonely, lonely. . . dulled with uselessness and habit, waiting without anticipation.

When she looked down again, the couple on the beach were arguing, standing face to face in the awkward, stubborn postures of people who are shouting at one another. She watched them dully, wondering why lovers were stupid enough to fight. How ugly they were, braced in anger! The woman turned away and began to run, and the man followed her, stopping her with both his arms. The woman twisted away and struck him, and then he strangled her. It was as simple as that. His hands joined around her neck, he stiffened, she struggled and then was still. He laid her on the sand as gently as if she were asleep, looked down at her for a long moment as with surprise, and began to cry. Then he fled into the darkness.

Staring after him, Evelyn Perry wondered with horror if the tide would come up and take the woman's body into the sea. She felt ill. She rose and went away from the scene, quickly, dazed, into her own warm apartment, into her own quiet life; but she could not make the image of the murder leave the back of her eyes, and that night, for the first time, Evelyn Perry did not sleep at all.

Begegnungen leidenschaftlich. Gelegentlich fragte sie sich, ob sie das Recht habe, etwas so Persönliches zu beobachten und neidisch im Halbdunkel zu belauern. War an einem heimlichen Späher nicht etwas Unanständiges, etwas Klägliches und zugleich Gemeines? Wie steht es aber mit Exhibitionisten? Wenn Leute am Strand ihre Leidenschaften zur Schau stellten, konnten sie nicht erwarten, unbemerkt zu bleiben, nicht einmal im Mondenschein.

Zum erstenmal wurde Evelyn von ihrer ungeheuren Einsamkeit überwältigt; erschauernd preßte sie die Fäuste gegen die Augen und weinte ohne Tränen. Nutzlos und einsam, einsam, einsam... abgestumpft von Nutzlosigkeit und Gewohnheit, wartete sie ohne Hoffnung.

Als sie wieder hinuntersah, hatte das Paar am Strand gerade eine Auseinandersetzung; die beiden standen sich gegenüber in der peinlichen, halsstarrigen Haltung von Leuten, die sich anschreien. Evelyn betrachtete die beiden mißmutig, und sie fragte sich, warum Liebende so unvernünftig sind, zu streiten.

Wie häßlich sie doch waren, so verbissen vor Zorn! Die Frau ging weg und begann zu laufen, der Mann folgte ihr und hielt sie mit beiden Armen auf. Die Frau wand sich los und schlug ihn; dann würgte er sie. So einfach war das. Seine Hände schlossen sich um ihren Hals, er drückte stärker zu, sie wehrte sich und war dann still. Er legte sie so sanft auf den Sand, als schliefe sie, schaute, wie überrascht, eine lange Weile auf sie hinunter und begann zu weinen. Dann entfloh er in die Dunkelheit.

Evelyn Perry starrte ihm nach und fragte sich entsetzt, ob die Flut käme und die Leiche der Frau ins Meer spülte. Ihr war übel. Sie stand auf und verließ den Ort des Geschehens, rasch und benommen, begab sich in ihre eigene warme Wohnung, in ihr eigenes ruhiges Leben; aber das Bild des Mordes auf ihrem Augenhintergrund konnte sie nicht auslöschen, und in jener Nacht schlief Evelyn Perry zum erstenmal überhaupt nicht.

The next day was Saturday, so she did not go to the office. Preparing her eggs and toast in the morning, Evelyn Perry avoided looking at her wallpaper, but then, when she unavoidably had to glance at it, it seemed so artificial and harmless that she had to smile. This was New York, not Rio; the eye could be deceived by the mind, but the mind could be made impervious to its own horrors. For the first time in weeks, she would go shopping, she would get out of the house. But she was taken with torpor, and as the day went by she found many tiresome things that had to be done before she could leave; it was important to wipe out the shards of soap from the soap dish in the bathroom, for instance. When she was dressed, and all the vacuuming had been done, it was four o'clock, too late to begin an expedition in the stores because the salesgirls would be tired and nasty, the customers pushing anxiously to get home with their bundles. She had not even gone out for the newspapers, but it seemed too difficult an effort. She felt detached. The petty blown-up scandals and exposés of her tabloids bored her, they seemed so temporary to anyone who was not involved. Dusk came early.

It was pleasant to eat supper on her balcony, watching the lights come on in the buildings along the beach. She resented the thought that the telephone might ring, that anyone might call her away from this hour of privacy before the night. But the telephone never rang on week-end evenings; she was safe. She wondered what had happened to the body of the strangled woman during the day. If a child playing on the beach had discovered it, the child might be emotionally scarred for life. She wondered whether the dead woman had children of her own. Had she been

Tags darauf war Samstag; sie fuhr daher nicht ins Büro. Während sie am Morgen ihre Eier und den Toast herrichtete, vermied sie es, die Tapete anzuschauen; doch als sie dann zwangsläufig einen Blick darauf werfen mußte, kam sie ihr so unnatürlich und harmlos vor, daß sie lächeln mußte. Das war New York, nicht Rio; das Auge konnte vom Geist getäuscht werden, doch der Geist konnte unempfindlich gegen seine eigenen Schreckensbilder gemacht werden. Erstmals seit Wochen wollte sie zum Einkaufen gehen; sie wollte das Haus verlassen. Aber sie war wie betäubt, und während der Tag verstrich, stieß sie auf viel lästigen Kram, der erledigt werden mußte, ehe sie weggehen konnte; es war zum Beispiel wichtig, aus der Seifenschale im Bad die Seifenbröckchen herauszuwischen. Als sie angezogen war und alles mit dem Staubsauger gereinigt hatte, war es vier Uhr, zu spät, um einen Streifzug durch die Geschäfte zu beginnen, weil die Verkäuferinnen müde und unangenehm sein würden, und weil die Kunden unruhig drängelten, um mit ihren Bündeln nach Hause zu kommen. Evelyn war nicht einmal vor die Tür gegangen, um die Zeitungen zu holen; es schien aber auch zu mühsam. Alles war ihr gleichgültig. Die belanglosen, aufgeblasenen öffentlichen Ärgernisse und Enthüllungen ihrer Bildzeitungen langweilten sie; einem jeden, der nicht selber hineinverwickelt war, kamen sie so nebensächlich vor. Früh brach die Dämmerung herein.

Evelyn fand es angenehm, das Essen auf dem Balkon einzunehmen und dabei zu beobachten, wie die Lichter in den Gebäuden entlang dem Strand angingen. Der Gedanke, daß das Telefon läuten könnte, daß jemand, ehe es Nacht wurde, sie aus dieser Stunde der Zurückgezogenheit wegrufen könnte, ärgerte sie. Doch am Wochenende läutete das Telefon abends nie; davor war sie sicher. Sie fragte sich, was am Tage mit der Leiche der erwürgten Frau geschehen war. Wenn ein am Strand spielendes Kind sie entdeckt hätte, könnte es in seinen Empfindungen für das ganze Leben gestört sein. Sie hätte gern wissen mögen, ob die Tote selber Kinder hatte. War sie eine verheiratete Frau

a married woman to be so furtive, or had it been her lover who was married? Gazing down at the spot where the lovers had quarreled, Evelyn Perry saw a man walking along the beach very slowly, with his head lowered. He stopped where the body had lain and suddenly threw himself down, full length, on the sand, lying there on his face as if he were dead. Then she saw that he was crying. He lay there for a long time until the sky became completely dark. Then he stood up painfully, wiped his face with a handkerchief, and went away. So two men had loved her, Evelyn Perry thought.

She wondered who this other man was. Not the father; he seemed too young. Not a brother; could grief so intense and intimate be for a relative? He must have been the husband, the *cornudo*, who had lost his wife long before that tragic night. Perhaps, if he had known his wife had a lover, Evelyn Perry thought, he would have strangled her himself, and it would have been the lover who would be grieving tonight.

The beach seemed lonely without the lovers. There were other tiny dark shapes in the distance, but they did not matter; they were strangers. She did not want to look any more, and that night when she went to bed, she found herself weeping on her pillow for a dead woman she had never actually known.

On Sunday afternoon, just before sunset in summertime Rio, when it was already dark in winter-bound New York, Evelyn Perry saw two policemen in khaki uniforms escorting the widowed husband back to the scene of the crime. They were pulling him and he was protesting, trying to get away. He was handcuffed to one of them. The poor man, she thought, first the other thing, now this. It isn't fair. But what was fair?

gewesen, weil sie so geheimnisvoll getan hatte, oder war ihr Liebhaber verheiratet gewesen? Als Evelyn Perry auf die Stelle hinunterblickte, wo die Verliebten gestritten hatten, sah sie, wie ein Mann sehr langsam mit gesenktem Kopf am Strand entlangging. Er blieb stehen, wo die Leiche gelegen hatte und warf sich plötzlich der Länge nach im Sand nieder, und da lag er nun, wie tot, auf dem Gesicht. Dann erkannte sie, daß er weinte. Er lag lange dort, bis der Himmel ganz dunkel geworden war. Dann erhob er sich mühsam, wischte sich mit einem Taschentuch das Gesicht ab und ging weg. Also hatten zwei Männer sie geliebt, dachte Evelyn Perry.

Sie fragte sich, wer dieser andere Mann war. Nicht der Vater; dafür schien er zu jung. Auch kein Bruder; konnte bei einem Verwandten der Schmerz so heftig und leidenschaftlich sein? Es muß der Ehemann gewesen sein, der Gehörnte, der seine Frau lange vor dieser verhängnisvollen Nacht verloren hatte. Wenn er gewußt hätte, daß seine Frau sich einen Liebhaber hielt, dachte Evelyn Perry, hätte er sie vielleicht selber erwürgt. Dann würde sich heute abend der Liebhaber grämen.

Ohne die Liebespaare erschien der Strand verlassen. Es gab andere winzige, dunkle Gestalten in der Ferne, aber sie zählten nicht; das waren Fremde. Evelyn wollte nicht mehr länger hinschauen, und als sie an jenem Abend zu Bett ging, widerfuhr es ihr, daß sie in ihr Kissen hinein eine tote Frau beweinte, die sie in Wirklichkeit gar nicht gekannt hatte.

Am Sonntagnachmittag, gerade vor Sonnenuntergang im sommerlichen Rio, als es im winterlichen New York schon dunkel war, sah Evelyn Perry, wie zwei Polizisten in khakifarbenen Uniformen den verwitweten Ehemann an den Schauplatz des Verbrechens zurückbegleiteten. Sie zogen ihn, und er erhob Einspruch und versuchte, zu entkommen. Er war mit Handschellen an einen von ihnen gefesselt. Der Arme, dachte sie, zuerst das andere und jetzt das. Es ist nicht gerecht. Aber was war schon gerecht? Es schien

It seemed enormously fair that life should be so unjust, that the wrong person should always suffer for the wrong crime instead of the one he had committed. Those guilty of omission shall be punished, those guilty of commission shall go free. As soon as she had thought this, she was immediately ashamed of herself. It was not life that was unfeeling, it was people themselves. She was as much to blame as the next one. She was the witness to that crime on the beach, and, if she spoke up, the innocent man would be freed.

She ran into her living room looking desperately for pencil and paper and her Portuguese instruction book with the dictionary in the back. She found a sheet of typing paper, larger than stationery, and brought the things to the kitchen. Hurriedly, her hands shaking, she looked for the proper words. Lover. . . there was no word for lover in a foreign-language instruction book. *Senhor, senhora,* but never lover. She remembered her high-school Latin and applied it to Portuguese: *amante. O amante.* There was not even any word for kill. Call the maid, there is a fly in my bedroom. But no word for kill the fly. Call a doctor. Call the police. *The lover did it.* That was the closest she could come, so she printed the words on the large piece of white paper and, with the cellophane tape, attached it to her balcony railing so that it faced the beach.

It was too late; the policemen had already left, dragging the accused. Evelyn Perry had never felt so useless in her life. But the sign was there. She would leave it, and perhaps tomorrow they would return, or perhaps someone else would see it and tell the police. The case would have to be a scandal, people would be talking about it, and someone would be sure to see her sign and tell the police. *O amante o cometeu.* They would

überaus gerecht zu sein, daß das Leben so ungerecht war, daß immer die falsche Person für das falsche Verbrechen büßen sollte, anstatt für das Verbrechen, das sie begangen hatte. Bestraft werden soll, wer sich der Unterlassung schuldig macht, der Täter aber soll auf freien Fuß gesetzt werden. Unmittelbar nachdem sie das gedacht hatte, schämte sich Evelyn. Nicht das Leben war gefühllos, die Leute selber waren es. Und sie war ebensosehr zu tadeln wie jeder Nächstbeste. Sie war Zeugin jenes Verbrechens am Strand, und wenn sie mit der Sprache herausrückte, käme der Unschuldige frei.

Sie lief in ihr Wohnzimmer und suchte verzweifelt Federhalter, Papier und ihr Portugiesisch-Lehrbuch mit dem Wörterbuch im Anhang. Sie fand einen Bogen Schreibmaschinenpapier, größer als Briefpapier, und brachte die Sachen in die Küche. Eilig schlug sie mit zitternden Händen die passenden Wörter nach. Liebhaber. . . in einem Fremdsprachenlehrbuch kam kein Wort für Liebhaber vor. *Senhor, Senhora,* doch nie Liebhaber. Sie erinnerte sich an ihr Pennälerlatein und übertrug es ins Portugiesische: *amante. O amante.* Es gab nicht einmal ein Wort für ‹töten›. Rufen Sie das Zimmermädchen; in meinem Schlafzimmer ist eine Fliege. Aber kein Wort für Fliegentöten. Rufen Sie einen Arzt! Rufen Sie die Polizei! *Der Liebhaber war der Täter.* Damit kam sie der Sache am nächsten; sie malte daher die Wörter in Druckschrift auf das große Stück weißen Papiers und befestigte es mit Tesafilm an ihrem Balkongeländer, so daß es vom Strand aus zu sehen war.

Es war zu spät; die Polizei war schon weg und hatte den Beschuldigten mitgezerrt. Nie in ihrem Leben war sich Evelyn Perry so unnütz vorgekommen.

Aber das Schild war da. Sie würde es da lassen; vielleicht würden sie morgen zurückkommen, oder vielleicht würde es jemand sehen und die Polizei verständigen. Der Fall mußte Ärgernis erregen, die Leute würden darüber reden, und gewiß würde jemand ihr Schild sehen und die Polizei benachrichtigen. *O amante,*

know it was the lover who killed the woman; they would know.

The next day, Evelyn Perry did not go to the office. She wanted to go, she did not want to go; three times during the night she leaned from her bed to push the bell-switch of her alarm clock, and later to pull it out again. Her only excuse for irresponsibility was responsibility: she was not important at the office — someone else could stuff circulars into envelopes — but she might be important here. She had to admit she was curious. She felt guilty about staying away from the office, and then she felt resentful of the tiresome conscience that made her feel guilty. She could not help looking forward to daylight.

But then, when she was walking about her apartment looking for things to do, bewildered by these hours of unplanned and unexpected leisure, she was not quite sure why she had stayed at home after all. The *trompe-l'œil* wallpaper in her kitchen was flat and painted, even though cleverly conceived, and the piece of white paper taped to the wall with the imprint of her writing faintly showing through from the other side so embarrassed her, that, although she could not bear to tear it down, she did use this blank side to write her grocery list. She napped fitfully on the bed turned back into a couch, and she told herself this day was therapy for an overtired mind. But she was so nervous by five o'clock that she got up to brew a pot of tea which she did not really want, and then let it get cold on the drainboard while she looked out at the beach and the slowly shadowing sky.

It was twilight, the true moment when the day is divided in two. Noon does not count as a division, nor does midnight; they are only hours of the clock. But twilight separates the lonely

o cometeu. Sie würden erfahren, daß der Liebhaber die Frau getötet hatte; sie würden es erfahren.

Am nächsten Tag fuhr Evelyn Perry nicht ins Büro. Sie wollte fahren, sie wollte nicht fahren; dreimal während der Nacht beugte sie sich aus dem Bett, um den Knopf für das Läutwerk ihres Weckers zu drücken und um ihn später wieder herauszuziehen. Ihre einzige Entschuldigung für Verantwortungslosigkeit war Verantwortungsgefühl: im Büro war sie nicht wichtig – Rundschreiben in Briefumschläge stecken konnte auch irgend jemand – hier aber könnte sie wichtig sein. Sie mußte zugeben, daß sie neugierig war. Sie fühlte sich wegen des Fernbleibens vom Büro schuldig, und dann ärgerte sie sich über das lästige, schuldeinflößende Gewissen. Sie konnte das Morgengrauen gar nicht erwarten.

Als sie aber dann in ihrer Wohnung umherging und sich nach Dingen umsah, die sie tun könnte, weil diese Stunden ungeplanter und unerwarteter Muße sie durcheinander gebracht hatten, war sie sich nicht ganz sicher, warum sie überhaupt daheim geblieben war. Die Illusionstapete in ihrer Küche war, wenn auch klug ausgedacht, dünn und bemalt, und das an die Wand geklebte Stück weißen Papiers mit dem Durchdruck ihrer Schrift, der von der anderen Seite schwach zu sehen war, machte sie so verlegen, daß sie es zwar nicht fertigbrachte, das Schild wegzureißen, wohl aber die leere Seite benutzte, um ihre Einkaufsliste darauf zu schreiben. Sie nickte auf dem in eine Couch zurückverwandelten Bett immer wieder ein und sagte sich, dieser Tag sei für einen überarbeiteten Geist eine Heilbehandlung. Doch spätestens um fünf Uhr war sie so kribbelig, daß sie sich erhob, um einen Topf Tee aufzugießen, den sie in Wirklichkeit nicht wollte und dann auf dem Abtropfbrett kalt werden ließ, während sie auf den Strand und den langsam sich verdüsternden Himmel hinausblickte.

Es herrschte Abenddämmerung, der eigentliche Augenblick, an dem der Tag zweigeteilt ist. Der Mittag zählt nicht als Teilung, auch die Mitternacht nicht; das sind nur Stunden auf der Uhr. Aber die Dämmerung trennt die Einsamen

from the loved. The lonely leave their busy offices and go away from people, the loved finish their work and prepare to be with their families or sweethearts. Evelyn Perry, who had been one of the former, now found herself standing at her balcony after a day of leisure, watching the people below and wondering which of them was aimless and which ones were hurrying. Finally the beach was empty. The bathers were gone, the lovers not yet arriving. She saw a tall man walking alone along the edge of the sea.

The man stopped near where the woman had been killed and looked around. He looked up then, at Evelyn Perry standing lighted on her balcony, and she looked down at him. It was the lover, the murderer. He glanced at her with disinterest, as one glances momentarily at any stranger on a balcony, and she saw that he had grown haggard and tense. He held himself warily, poised for flight, like an animal. One arm embraced a rifle in a curve so unfamiliar and graceless that she knew this rifle was the companion of the hunted, not the hunter. He looked about him in a crazed way, as if the mourning and waiting of the past three days had driven him out of his senses.

Then, she felt sorry for him because he was as much a sacrifice as the murdered girl or the husband. He looked at her again, at her balcony rather, and she saw his face fully. She saw the look on his face, gradually changing from curiosity to comprehension and then horror as he read the sign she had taped to her balcony railing.

She did not feel afraid. He was so tiny, so far below, that she felt almost godlike in that moment on her balcony, right but regretful, huge, illumined, standing beside her handprinted mes-

von jenen, die geliebt werden. Die Einsamen verlassen die Betriebsamkeit ihrer Büros und kehren den Leuten den Rücken; wer geliebt wird, beendet seine Arbeit und bereitet sich auf das Zusammensein mit seiner Familie oder seinem Schatz vor. Evelyn Perry, die zur ersten Gruppe gehörte, stand jetzt, nach einem Tag der Muße, auf ihrem Balkon, betrachtete die Leute drunten und fragte sich, welche von ihnen ohne Ziel und welche in Eile waren. Schließlich war der Strand leer. Die Badegäste waren weg, die Liebespaare noch nicht da. Sie sah, wie ein hochgewachsener Mann allein am Ufer des Meeres entlangging.

Der Mann blieb nahe der Stelle, wo die Frau umgebracht worden war, stehen und sah sich um. Dann schaute er empor zu Evelyn Perry, die auf ihrem Balkon im Licht stand, und sie blickte zu ihm hinunter. Es war der Liebhaber, der Mörder.

Er warf ihr einen gleichgültigen Blick zu, so wie man einen x-beliebigen Fremden auf einem Balkon kurz anblickt, und Evelyn sah, daß er hager geworden war und völlig verkrampft. Er war auf der Hut und hielt sich, wie ein Tier, fluchtbereit. Sein Arm umklammerte in einem so ungewohnten und unschönen Bogen ein Gewehr, daß Evelyn wußte: dieses Gewehr begleitet den Gejagten, nicht den Jäger. Er blickte irr um sich, als hätte ihn das Trauern und Warten der vergangenen drei Tage von Sinnen gebracht.

Da tat er ihr leid, weil er ebensosehr Opfer war wie das ermordete Mädchen oder der Ehemann. Er schaute wieder zu ihr, oder vielleicht zu ihrem Balkon hinauf, und sie sah sein Gesicht ganz.

Sie sah seinen Gesichtsausdruck, der allmählich von Neugierde in Verständnis, dann in Schrecken überging, als er das Schild las, das sie an ihr Balkongeländer geklebt hatte.

Sie hatte keine Angst. Er war so winzig, so weit unten, daß sie sich in diesem Augenblick auf ihrem Balkon fast wie Gott fühlte, aufrecht, aber bedauernd, riesenhaft, erleuchtet, als sie da neben ihrer handgemalten Unheilsbotschaft stand.

sage of doom. The rifle he held was only the size of a toothpick. When he lifted it to his shoulder she felt surprised, even amused, more regretful than ever because he was so pathetic and small. She was frightened only when she felt the unexpected instant of overwhelming pain.

After Evelyn Perry had not been to her office all week and had not answered her telephone, someone called her landlady, who entered the unruffled apartment and found the body. The landlady did not know the name of Evelyn Perry's doctor, so she called her own. Death had occurred Monday evening between five and six o'clock. The autopsy did not show the cause of death, but an autopsy never reveals barbiturate poisoning, which is usually suspected first in cases of this kind. Since there was neither a suicide note nor an empty bottle lying nearby, a chemical analysis was taken from the vital organs, but it did not show anything either. No one ever really knew how Evelyn Perry died, but there did not seem to be any reason to imagine she had been killed. She was nobody's unwanted wife, nor was she carrying an unwanted child, nor was she anyone's unwanted mistress. She was certainly not the sort of person anyone would want very badly to get out of his life.

Das Gewehr, das er hielt, hatte nur die Größe eines Zahnstochers. Als er es an die Schulter hob, war sie überrascht, sogar belustigt, und mehr denn je tat er ihr leid, weil er so mitleiderweckend und klein war. Entsetzt war sie erst, als sie in einem nicht erwarteten Augenblick einen überwältigenden Schmerz zu spüren bekam.

Nachdem Evelyn Perry die ganze Woche nicht in ihrem Büro gewesen und nicht an ihr Telefon gegangen war, rief jemand ihre Vermieterin an, welche die aufgeräumte Wohnung betrat und den Leichnam fand. Die Vermieterin wußte nicht, wie Evelyn Perrys Arzt hieß, und holte daher ihren eigenen. Der Tod war am Montagabend zwischen fünf und sechs Uhr eingetreten. Die Obduktion ließ die Todesursache nicht erkennen, aber eine Obduktion verrät ja nie eine Vergiftung durch Barbitursäure, was gewöhnlich in Fällen dieser Art zunächst vermutet wird. Da weder eine Selbstmordnotiz noch eine leere Flasche in der Nähe lag, wurde eine chemische Untersuchung der lebenswichtigen Organe vorgenommen, aber auch sie brachte kein Ergebnis. Niemand hat jemals wirklich erfahren, wie Evelyn Perry starb, es schien aber auch keinen Grund für die Vermutung zu geben, sie sei umgebracht worden. Sie war niemandes unerwünschte Ehefrau, sie trug kein unerwünschtes Kind aus, und sie war auch niemandes unerwünschte Geliebte. Sie war ganz gewiß keiner von den Menschen, die irgend jemand ganz dringend aus seinem Leben entfernen wollte.

Fredric Brown: The Solipsist

Walter B. Jehovah, for whose name I make no apology since it really *was* his name, had been a solipsist all his life. A solipsist, in case you don't happen to know the word, is one who believes that he himself is the only thing that really exists, that other people and the universe in general exist only in his imagination, and that if he quit imagining them they would cease to exist.

One day Walter B. Jehovah became a practising solipsist. Within a week his wife had run away with another man, he'd lost his job as a shipping clerk and he had broken his leg chasing a black cat to keep it from crossing his path.

He decided, in his bed at the hospital, to end it all.

Looking out the window, staring up at the stars, he wished them out of existence, and they weren't there any more. Then he wished all other people out of existence and the hospital became strangely quiet even for a hospital. Next, the world, and he found himself suspended in a void. He got rid of his body quite as easily and then took the final step of willing *himself* out of existence.

Nothing happened.

Strange, he thought, can there be a limit to solipsism?

"Yes," a voice said.

"Who are you?" Walter B. Jehovah asked.

"I am the one who created the universe which you have just willed out of existence. And now that you have taken my place —" There was a deep sigh. "— I can finally cease my own existence, find oblivion, and let you take over."

Der Solipsist

Walter B. Jehovah, für dessen Namen ich mich nicht entschuldige, da der Mann ja wirklich so hieß, war sein ganzes Leben lang Solipsist gewesen. Ein Solipsist, falls Sie das Wort zufälligerweise nicht kennen, ist jemand, der sich selbst für das einzig wirklich Vorhandene hält, jemand, für den es andere Leute und überhaupt das ganze Weltall nur in seiner Vorstellung gibt, und der glaubt, dies alles würde aufhören zu bestehen, wenn er aufhörte, es sich vorzustellen.

Eines Tages wurde Walter B. Jehovah ausübender Solipsist. Innerhalb einer Woche war seine Frau mit einem anderen Mann durchgebrannt, hatte er seine Stelle als Versandbuchhalter verloren und hatte er sich das Bein gebrochen, als er eine schwarze Katze verjagte, weil er nicht wollte, daß sie ihm über den Weg lief.

In seinem Krankenhausbett beschloß er, allem ein Ende zu machen.

Er schaute zum Fenster hinaus, starrte zu den Sternen empor, wünschte, sie sollten verschwinden und – schon gab es sie nicht mehr. Dann wünschte er, alle anderen Menschen sollten verschwinden, und – das Krankenhaus wurde, sogar für ein Krankenhaus, seltsam still. Als nächstes war die Welt an der Reihe, und – schon schwebte er in einem leeren Raum. Seinen Körper wurde er ebenso ohne Schwierigkeit los, und dann tat er den letzten Schritt: er wünschte *sich selbst* aus dem Dasein fort.

Doch es geschah nichts.

Sonderbar, dachte er, kann es denn für den Solipsismus eine Grenze geben?

«Ja», sagte eine Stimme.

«Wer sind Sie?» fragte Walter B. Jehova.

«Ich bin derjenige, der das Weltall schuf, das du soeben ins Nichts hinweggewünscht hast. Und jetzt, da du meinen Platz einnimmst...» – er tat einen tiefen Seufzer – «kann ich endlich mein eigenes Dasein beenden, kann Vergessen finden und kann an dich übergeben.»

"But — how can *I* cease to exist? That's what I'm trying to do, you know."

"Yes, I know," said the voice. "You must do it the same way *I* did. Create a universe. Wait until somebody in it really believes what you believed and wills it out of existence. Then you can retire and let him take over. Good-bye now."

And the voice was gone.

Walter B. Jehovah was alone in the void and there was only one thing he could do. He created the heaven and the earth.

It took him seven days.

«Aber... wie kann *ich* aufhören zu sein? Wissen Sie, gerade das versuche ich.»

«Ja, ich weiß», sagte die Stimme. «Du mußt es auf die gleiche Weise machen wie *ich*. Erschaffe ein Weltall! Warte, bis jemand in diesem All wirklich glaubt, was du geglaubt hast und das All ins Nichts fortwünscht. Dann kannst du in den Ruhestand gehen und an ihn übergeben. Jetzt behüt dich Gott!»

Und die Stimme war weg.

Walter B. Jehova war allein im leeren Raum und konnte nur eines tun. Er schuf Himmel und Erde.

Dazu brauchte er sieben Tage.

Anmerkungen

Sense of Humor

Seite 6, Zeile 3 Broadway: Die Straße, die Manhattan der Länge nach durchschneidet. Zentrum des amerikanischen Theaterlebens.

8, 14 v. u. the Bronx: Einer der fünf Gründungsbezirke von Groß-New York (neben Manhattan, Brooklyn, Queens and Staten Island, New York City).

8, letzte Zeile alcohol: In den Vereinigten Staaten bestand von 1919 bis 1933 Alkoholverbot (Prohibition). Die Unterwelt bemächtigte sich des Schwarzhandels.

12, 17 Harlem: Gebiet im Norden von Manhattan; auch ungenaue Bezeichnung für New Yorks schwarze Bevölkerung.

The Love Nest

34, 8 Yale Bowl: Fußballstadion der Yale University in New Haven, Conn. Wurde 1914 nach dem Vorbild des römischen Kolosseums in Form einer geschlossenen Ellipse erbaut; bietet über 70 000 Zuschauern Platz

36, 19 Delsarte, François (1811–71): Französischer Musiker und Ausdruckskünstler; Begründer der Lehre von der Gymnastik.

36, 9 v. u. Barrymore, Ethel (1879–1959): Schauspielerin, von ihrem Publikum als First Lady des amerikanischen Theaters angesehen.

42, 9 White Plains: Stadt im Staate New York. Am 28.10. 1776 kam es in der Nähe von White Plains zum Gefecht zwischen dem britischen General Howe und George Washington. Es gelang Washington, seine 14 000 Mann zurückzuziehen.

52, 17 v. u. Pawlowa, Anna (1882–1931): Russische Ballerina; berühmteste Tänzerin der Zeit.

54, 3 v. u. Swanson, Gloria (1899–1983): Hollywood-Star der goldenen Zeit des Stummfilms.

A Note for the Milkman

68, 17   Bunyan, John (1628–88): Englischer Prediger; Verfasser des Erbauungsbuchs «The Pilgrim's Progress from this World to that which is to Come».

84, 11 v. u.   Jack the Ripper: Beiname eines unentdeckt gebliebenen Mörders, der zwischen dem 7.8. und dem 10.11.1888 sieben Prostituierte im East End von London auf gräßliche Weise tötete.

The Parable of The Family Which Dwelt Apart

90, 3   Barnetuck Bay: Eine fiktive Ortsbezeichnung?
90, 8   queen olives: Große, fleischige Olivensorte.
90, 16   July 4th: Amerikanischer Unabhängigkeitstag (Independence Day). Am 4. Juli 1776 erfolgte durch den Kongreß die Annahme der Unabhängigkeitserklärung.
90, 6 v. u.   crokinole: Ein Brettspiel, bei dem, wie beim Flohspiel, Scheibchen auf ein Ziel geschnippt werden.
90, letzte Zeile   Pathé News: Internationale Filmwochenschau (bis 1956).
92, 12   Laconia: Kleinstadt in New Hampshire, südlich der White Mountains.
92, 8 v. u.   Hearst's International News Service: George Hearst (1820–91) kaufte sich in San Francisco die Zeitung «Daily Examiner»; sein Sohn William Randolph (1863–1951) baute ein gewaltiges Nachrichtenimperium auf und übte großen politischen Einfluß aus. Er gilt in den Vereinigten Staaten als der wichtigste Vertreter der Boulevardpresse («yellow press»).
92, 4 v. u.   Baltimore: Größte Stadt in Maryland.

De mortuis...

96, 1   De mortuis...: Die lateinische Sentenz «De mortuis nil nisi bene» (Über Verstorbene soll man nur gut reden) nach dem griechischen Philosophen Chilon, einem der sogenannten Sieben Weisen Griechenlands.

De mortuis . . .

100, 11 v. u.   Poughkeepsie: Im Osten des Staates New York, am Ostufer des Hudson gelegen. Sitz des bekannten Vassar College.
102, 17 v. u.   Albany: Hauptstadt des Staates New York.
102, 12 v. u.   Watertown: Stadt im Norden des Staates New York.
104, 2 v. u.   sheriff: In den USA der gewählte höchste Exekutivbeamte eines Verwaltungsbezirks.
108, 7   Weissmuller, Johnny (1904–1984): Überragender Freistilschwimmer und bekannter Tarzan-Darsteller.

Trompe-l'Œil

160, 7   Peeping Tom: Neugieriger oder heimlicher Beobachter, nach dem Schneider, der die nackte Lady Godiva bei ihrem Ritt durch Coventry beobachtete. Der Vorfall geht zurück auf eine Legende aus dem 13. Jahrhundert; seit 1678 wird alljährlich mit einem Umzug daran erinnert.

Bio-bibliographische Notizen

Damon Runyan (1884–1946). Kolumnist und Sportberichterstatter, der seit 1929 Grotesken in verschiedenen Zeitschriften veröffentlichte. Seine schweren Jungen und leichten Mädchen hat er in der Zeit der Prohibition und der Weltwirtschaftskrise auf dem Broadway beobachtet. Die Geschichten sind mit dem Slang der Unterwelt durchsetzt und (fast) durchweg im Präsens geschrieben. Runyans Musical *Guys and Dolls* wurde 1950 ein riesiger Erfolg. Die Geschichte *Sense of Humour* ist 1934 im *International Magazine* zum ersten Mal erschienen, später in mehreren Sammelbänden, zuletzt in *Dream Street; Stories by Damon Runyan* (New York 1989, The Folio-Society). © der Übersetzung: dtv.

Ring Lardner (1885–1933). Journalist, Sportberichterstatter, Dramatiker. 1916 erschienen seine Kurzgeschichten aus dem Leben eines Baseballprofis (*You Know Me, Al*); in ihnen deutete sich bereits an, daß Lardner auf dem Weg war, ein scharfer Kritiker seines Landes zu werden. Vielen seiner Landsleute erschien er schließlich als «der bitterste Satiriker seiner Zeit», «ein puritanischer Pessimist», «ein überragender Humorist». 1924 veröffentlichte er den Kurzgeschichtenband *How to Write Short Stories* und 1926 *The Love Nest, and Other Stories*, dessen Titelgeschichte den Autor auf seinem Höhepunkt zeigt. © der Übersetzung: dtv.

Sidney Carroll. Über den Autor waren keine Angaben zu finden. Für Hinweise sind wir dankbar.
Die Erzählung *A Note for the Milkman* entstammt Carrolls Buch *Today's Woman*, Copyright 1950 by Sidney Carroll. Abdruck mit Genehmigung von Harold Ober Ass., New York, und Liepman AG, Zürich. © der Übersetzung: dtv.

E(lwin) B(rooks) White (1899–1985). Arbeitete nach dem Studium als Berichterstatter und freier Schriftsteller, bis er 1927 zu der Wochenzeitschrift *The New Yorker* stieß, die

er durch seine witzigen Kurzgeschichten und klaren Essays bis zu seinem Tod entscheidend beeinflußte. *The Elements of Style* (1935, zusammen mit William Strunk, Jr.) wurde ein Standardwerk über den amerikanischen Sprachgebrauch und erzielte Auflagen in Millionenhöhe. Zu Klassikern der Kinderliteratur wurden seine Bücher *Stuart Little* (1945), *Charlotte's Web* (1952), *The Trumpet of the Swan* (1970). Die Erzählung *The Parable of The Family Which Dwelt Apart* entstammt Whites Buch *Quo Vadimus* (New York 1934, Harper & Brothers). © der Übersetzung: dtv.

John Collier (1901–1980). Arbeitete in den 20er und 30er Jahren bei der englischen Wochenschrift *Time and Tide*. Er machte sich einen Namen mit phantastischen Geschichten, in denen er die Satire mit dem Makabren und Übernatürlichen verband. Sein bekanntester Roman, *His Monkey Wife* (1930) schildert die Ehe zwischen einem in die Heimat zurückgekehrten Entdecker und seiner Lieblingsschimpansin. Von 1935 an lebte der Autor in den Vereinigten Staaten, wo er sich seinen Lebensunterhalt als Drehbuchschreiber für Hollywood verdiente. Die Erzählung *De Mortuis* ist zum ersten Mal im *New Yorker* erschienen. Copyright 1949 by The New Yorker Magazine, Inc.. Abdruck des englischen Textes mit Genehmigung der Liepman AG, Zürich. Publikation in deutscher Sprache mit Zustimmung des Rowohlt-Verlages, Reinbek, bei dem die Erzählung in der Übersetzung von Susanna Rademacher erschienen ist, in *Mitternachtsblaue Geschichten* © 1967.

Rona Jaffe. Einer Notiz in einem Buch der Autorin ist zu entnehmen, daß sie 1932 geboren ist und nach einigen Kurzgeschichten den Roman *The Best of Everything* und das Kinderbuch *The Last of Wizards* veröffentlicht hat und auch für Theater und Fernsehen schreibt. *Trompe-l'Œil* ist entnommen dem Buch *The Best from Cosmopolitan* (Avon Book Division). – Es ist uns nicht gelungen, weder durch Nachfragen bei Verlagen noch durch eine Umfrage bei Agenturen, einen zuständigen Lizenzgeber ausfindig zu

machen. Für Hinweise sind wir dankbar. Unter diesem Vorbehalt: © der Übersetzung: dtv.

Fredric Brown (1906–1972), geboren in Cincinnati, arbeitete als Journalist, bevor er sich ganz der Literatur zuwandte. Er schrieb Kriminal- und Science-Fiction-Romane sowie meisterhafte Kurzgeschichten. *The Solipsist* entstammt dem Buch *Angels and Spaceships*, Copyright 1954 by Fredric Brown. Publikation mit Genehmigung von Roberta Pryor Inc. und der Paul & Peter Fritz AG, Zürich. © der Übersetzung: dtv.

Anzeige des Deutschen Taschenbuch Verlages

Auf den beiden nächsten Seiten bringen wir eine Leseprobe aus der Erzählung "The Curious Case of Benjamin Button" von F. Scott Fitzgerald. Sie steht in dem Band 9312 der Reihe dtv zweisprachig:

F. Scott Fitzgerald: Manhattan, Baltimore, Paris / Erzählungen aus den zwanziger und dreißiger Jahren.

Diese Erzählung wendet sich an den Sense of Humour, der im vorliegenden Band in Anspruch genommen (gekitzelt? strapaziert?) worden ist. Sie ist lustig – aber nicht nur. Die zweite Erzählung des Fitzgerald-Bandes, "Rags Martin-Jones and the Pr-nce of W-les", ist lustig und aufregend, extravagant und ein klein wenig rührend. Die dritte, "A New Leaf", ist herzzerreißend traurig – eine Geschichte wie ein Kinofilm jener beneidenswert fernen Zeit. Die vierte ist eine Skizze von wenigen Seiten, aufschlußreich, sympathisch: "Afternoon of an Author". Fitzgerald ist ein herrlicher Geschichtenerzähler – ein Mythos wie das New York um 1930.

Aber nun sind wir erstmal nicht in New York (und auch nicht in Paris), sondern in Baltimore...

When he was approximately a hundred yards from the Maryland Private Hospital for Ladies and Gentlemen he saw Doctor Keene, the family physician, descending the front steps, rubbing his hands together with a washing movement – as all doctors are required to do by the unwritten ethics of their profession.

Mr. Roger Button, the president of Roger Button & Co., Wholesale Hardware, began to run toward Doctor Keene with much less dignity than was expected from a Southern gentleman of that picturesque period. "Doctor Keene!" he called. "Oh, Doctor Keene!"

The doctor heard him, faced around, and stood waiting, a curious expression settling on his harsh, medicinal face as Mr. Button drew near.

"What happened?" demanded Mr. Button, as he came up in a gasping rush. "What was it? How is she? A boy? Who is it? What –"

"Talk sense!" said Doctor Keene sharply. He appeared somewhat irritated.

"Is the child born?" begged Mr. Button.

Doctor Keene frowned. "Why, yes, I suppose so – after a fashion." Again he threw a curious glance at Mr. Button.

"Is my wife all right?"

"Yes."

"Is it a boy or a girl?"

"Here now!" cried Doctor Keene in a perfect passion of irritation, "I'll ask you to go and see for yourself. Outrageous!" He snapped the last word out in almost one syllable, then he turned away muttering: "Do you imagine a case like this will help my professional reputation? One more would ruin me – ruin anybody."

"What's the matter?" demanded Mr. Button, appalled. "Triplets?"

"No, not triplets!" said the doctor cuttingly.

Als er nur noch knapp hundert Meter von der Maryland Privatklinik für Damen und Herren entfernt war, sah er Doktor Keene, den Hausarzt der Familie, die Freitreppe herunterkommen und sich die Hände reiben –

mit jener Waschbewegung, welche die ungeschriebene Sittenlehre dieses Berufes von allen Ärzten verlangt.

Mr. Roger Button, der Geschäftsführer von Roger Button & Co., Eisenwarengroßhandel, lief dem Doktor Keene mit sehr viel weniger Würde entgegen, als man von einem vornehmen Südstaatler dieses malerischen Zeitalters erwarten durfte. «Herr Doktor Keene!» rief er. «Oh, Herr Doktor Keene!»

Der Arzt hörte ihn, drehte sich um und blieb wartend stehen; ein seltsamer Ausdruck legte sich auf sein strenges Medizinergesicht, während Mr. Button näherkam.

«Was ist geschehen?» fragte Mr. Button, als er in atemloser Hast bei ihm angelangt war. «Was ist es? Wie geht es ihr? Ein Junge? Wer ist es? Was...»

«Reden Sie vernünftig!» sagte Doktor Keene scharf. Er wirkte irgendwie verärgert.

«Ist das Kind geboren?» fragte Mr. Button flehentlich.

Doktor Keene zog die Stirn in Falten. «Nun, ich denke schon – in gewissem Sinne.» Wieder warf er Mr. Button einen seltsamen Blick zu.

«Ist meine Frau wohlauf?»

«Ja.»

«Ist es ein Junge oder ein Mädchen?»

«Also wirklich!» rief Doktor Keene in einem wahren Aufschrei der Verstörung. «Gehen Sie doch gefälligst hin und sehen Sie selbst. Ungeheuerlich!» Er spuckte das letzte Wort beinahe in einer Silbe aus, wandte sich um und murmelte: «Glauben Sie etwa, ein Fall wie dieser diene meinem Ruf als Arzt? Noch so etwas, und ich bin ruiniert – jeder wäre ruiniert.»

«Was ist denn los?» fragte Mr. Button entsetzt. «Sind es Drillinge?»

«Nein, keine Drillinge!» antwortete der Arzt schneidend.

Ein vollständiges Verzeichnis der Reihe dtv zweisprachig ist erhältlich beim Deutschen Taschenbuch Verlag, Friedrichstraße 1, 80801 München